✦ 초등학생이 알아야 할 한국사 인물 100명!

왜 한국사와 독해일까요?

한국사는 독해와 떼려야 뗄 수 없는 과목이기 때문이에요.

5학년이 되면 학교에서 본격적으로 한국사를 배우기 시작해요.
한국사에서는 다양한 역사적 사건·제도·문화 등이 소개되며
낯선 어휘들이 쏟아지기 시작하죠.
독해의 기본이 되는 어휘력이 부족하면 당연히 한국사의 전체적인
흐름을 파악하는 것도 매우 어렵겠죠?

긴 문장을 '정확하게 제대로' 읽는 것이 무엇보다 중요해요.

대부분의 한국사 교재는 방대한 역사적 사건이나 흐름을 설명하기 위해
서술형으로 되어 있어요. 독해력이 향상되면 복잡한 내용을 쉽게
이해하고, 요점을 빠르게 파악할 수 있어요.
독해력이 부족하다면? 중요한 내용과 그렇지 않은 것을 구분하기
힘들기 때문에 학습의 효율이 크게 떨어지게 돼요.

설쌤은 고민했습니다.
한국사를 부담 없이 시작하고, 동시에 독해력까지 키울 수는 없을까?
그 고민의 결과는?

**재미있는 이야기를 통해 한국사 기초 지식을 익히고,
동시에 독해 실력까지 향상시켜주자!**

설쌤의 기나긴 고민의 결과물을 여러분께 선보입니다.
이제 여러분의 손에 달려 있어요. 설쌤이 늘 함께 하겠습니다!

이 책을 소개합니다.

한국사와 독해력! 동시에 잡아요!

한국사 인물 100명의 이야기를 시대순으로 구성했어요.
재미있게 이야기를 읽으며,
한국사 지식과 독해력을 모두 잡아 봅시다.

1권
우리 역사의 시작 ~ 고대

2권
통일 신라와 발해~고려

3권
조선

4권
일제 강점기~현대

이 책의 특장점

어휘>한국사>독해 3단계 학습전략

어휘
기본 어휘
예습 및 활용

→

한국사
재미난 한국사
인물 이야기로
지식 습득

→

독해완성
다양한 문제와
구조도로 마무리,
독해 실력 강화!

여러분에게 조금 더 많은 이야기를 들려주고 싶을 때
설쌤의 영상 QR코드를 넣어두었어요.
QR코드가 보인다면 접속해보세요!

01
우리나라 최초의 국가를 세우다
단군왕검

기원전 2333년(동국통감) 고조선 건국
기원전 194년 위만 조선 성립
기원전 108년 고조선 멸망

어휘 미리보기

역사
인류 사회의 변화와 흥하고 망하는 과정. 또는 그 기록.

국가
일정한 영토와 거기에 사는 사람들로 구성된 사회 집단.

건국
나라가 세워짐. 또는 나라를 세움.

신화
신비스러운 이야기.

변화하다
사물의 성질, 모양, 상태 따위가 바뀌어 달라지다.

친근하다
사귀어 지내는 사이가 아주 가깝다.

어휘 사용하기

평강아!
우리나라 역사에 나오는 국가 중에 가장 먼저 건국된 나라는 뭐야?

당연히 고조선이지!
단군 신화 들어 봤지?

그럼! 들어 봤지!
곰이 사람으로 변화하는 내용도 나오잖아.

맞아. 온달이도 잘 아는구나?

단군 신화는 우리에게 정말 친근한 이야기야!

설쌤 강의 보기

우리나라 최초의 국가인 고조선을 세운 사람은?
그래. 바로 단군왕검이야. 단군왕검부터 시작해 볼까?

1주 1일 학습일

…의 환웅 우리나라 역사상 최초의 국가가 무엇인지 아니? 바로 고조선이야! … 고조선을 건국한 단군왕검 이야기, 즉 단군 신화에 대해 알려 줄게!
… 옛날, 하늘의 신 환인에게는 환웅이라는 아들이 있었어. 환웅은 하늘에서 인…을 자주 내려다보며 관심을 가졌다고 해. 환인은 아들 환웅이 인간 세상에 관심…많다는 것을 알고 인간 세상을 직접 다스리는 것을 허락해 주었어. 환웅은 인간 세상을 널리 이롭게 하기 위해 바람, 비, 구름을 다스리는 신하와 3천 명의 무리를 이끌고 내려와 인간 세상을 다스리게 되었어.

곰과 호랑이 환웅이 인간 세상을 다스리고 있을 때, 곰 한 마리와 호랑이 한 마리가 환웅에게 사람이 되게 해 달라고 기도했어.
"환웅 님, 저희는 사람이 되고 싶습니다. 사람이 되게 해 주세요!"
곰과 호랑이의 간절한 말을 들은 환웅은 사람이 되는 방법을 알려 주었어.
"100일 동안 동굴 속에서 햇빛을 보지 않고, 쑥과 마늘만 먹으면 사람이 될 것이다."
그 후로 곰과 호랑이는 사람이 되기 위해 동굴에 들어가서 쑥과 마늘을 먹기 시작했어. 하지만 매운 마늘과 쓴 쑥만 먹는 것은 쉬운 일이 아니었지. 결국 호랑이는 사람이 되는 것을 포기하고 동굴 밖으로 뛰쳐나가고 말았어.

단군왕검의 탄생 곰은 힘들었지만 혼자 동굴에 남아 쑥과 마늘을 계속 먹었다고 해. 그렇게 동굴에서 쑥과 마늘을 먹은 지 21일째 되던 날, 놀라운 일이 일어났어. 곰이 사람으로 변하게 된 거야! 여자로 변화한 곰에게 환웅은 '웅녀'라는 이름을 지어 주었어. 훗날 웅녀는 환웅과 결혼해서 아들을 낳았어. 그 아들이 바로 고조선을 세운 단군왕검이야! 우리는 단군왕검을 친근하게 '단군 할아버지'라고 부르기도 해.

10 설민석의 한국사 독해 1
01 단군왕검 11

어휘 어휘부터 알아보자!

이야기에 등장하는 중요 어휘를 먼저 알아볼게요.
어휘를 미리 익히면 설쌤의 이야기가 더 쉽게 이해될 거예요.
어휘력이 향상되면 방대한 한국사의 흐름도 문제 없어요.

한국사 설쌤의 한국사 인물 이야기!

초등학생이라면 꼭 알아야 할 100명의 역사 인물로 이야기를 구성했어요.
각 문단의 첫머리에서 해당 문단의 핵심 주제를 확인할 수 있어요. **핵심 주제를 바탕으로 내용을 정확하게 파악하는 것이 중요해요.**

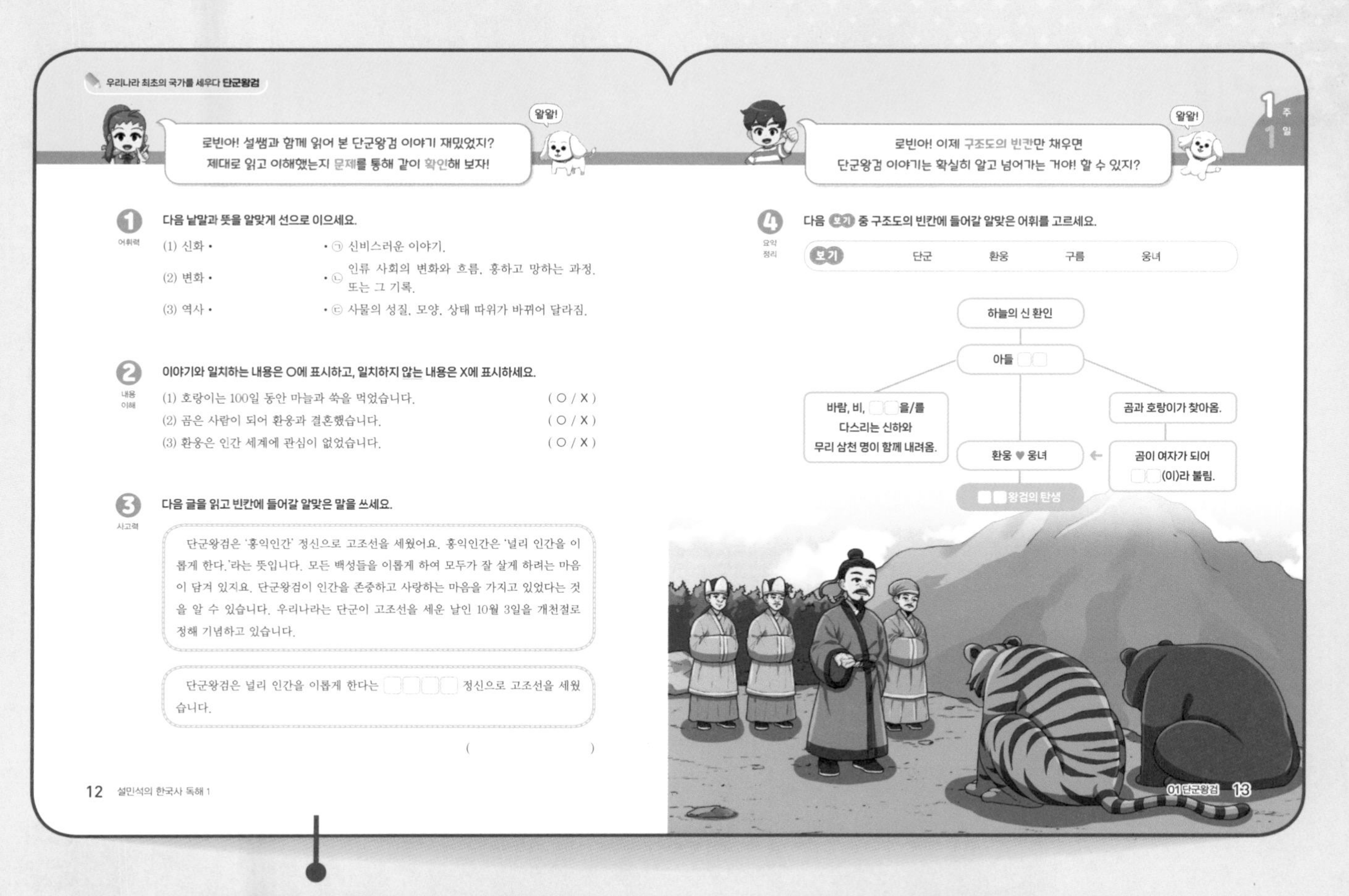

우리나라 최초의 국가를 세우다 **단군왕검**

로빈아! 설쌤과 함께 읽어 본 단군왕검 이야기 재밌었지? 제대로 읽고 이해했는지 문제를 통해 같이 확인해 보자!

왈왈!

1 다음 낱말과 뜻을 알맞게 선으로 이으세요. (어휘력)

(1) 신화 • • ㉠ 신비스러운 이야기.

(2) 변화 • • ㉡ 인류 사회의 변화와 흐름, 흥하고 망하는 과정. 또는 그 기록.

(3) 역사 • • ㉢ 사물의 성질, 모양, 상태 따위가 바뀌어 달라짐.

2 이야기와 일치하는 내용은 O에 표시하고, 일치하지 않는 내용은 X에 표시하세요. (내용 이해)

(1) 호랑이는 100일 동안 마늘과 쑥을 먹었습니다. (O / X)

(2) 곰은 사람이 되어 환웅과 결혼했습니다. (O / X)

(3) 환웅은 인간 세계에 관심이 없었습니다. (O / X)

3 다음 글을 읽고 빈칸에 들어갈 알맞은 말을 쓰세요. (사고력)

단군왕검은 '홍익인간' 정신으로 고조선을 세웠어요. 홍익인간은 '널리 인간을 이롭게 한다.'라는 뜻입니다. 모든 백성들을 이롭게 하여 모두가 잘 살게 하려는 마음이 담겨 있지요. 단군왕검이 인간을 존중하고 사랑하는 마음을 가지고 있었다는 것을 알 수 있습니다. 우리나라는 단군이 고조선을 세운 날인 10월 3일을 개천절로 정해 기념하고 있습니다.

단군왕검은 널리 인간을 이롭게 한다는 □□□□ 정신으로 고조선을 세웠습니다.

( )

12 설민석의 한국사 독해 1

1주 1일

로빈아! 이제 구조도의 빈칸만 채우면 단군왕검 이야기는 확실히 알고 넘어가는 거야! 할 수 있지?

왈왈!

4 다음 보기 중 구조도의 빈칸에 들어갈 알맞은 어휘를 고르세요. (요약 정리)

보기: 단군 환웅 구름 웅녀

하늘의 신 환인

아들 □□

바람, 비, □□을/를 다스리는 신하와 무리 삼천 명이 함께 내려옴.

곰과 호랑이가 찾아옴.

환웅 ♥ 웅녀 ← 곰이 여자가 되어 □□(이)라 불림.

□□왕검의 탄생

01 단군왕검 13

독해완성 다양한 유형의 문제와 구조도로 독해력 완성!

❶ [어휘력]-[내용이해]-[사고력]으로 구성된 문제를 통해 오늘 살펴본 어휘와 설쌤의 한국사 이야기를 제대로 파악했는지 확인해 봅시다.

❷ 마지막으로 오늘의 인물 이야기를 구조도로 머릿속에 깔끔하게 정리하면 끝!

생각 키우기 인물 PLUS

근초고왕 VS 고국원왕

" 역사의 소용돌이 속에서 다른 길을 갔던 두 인물 "

	근초고왕
즉위	346년
사망	375년
한 줄 요약	백제의 전성기를 이끈 왕
연관 키워드	고국원왕 전사, 마한 병합, 아직기, 왕인, 칠지도

	고국원왕
즉위	331년
사망	371년
한 줄 요약	평양성에서 전사한 고구려 왕
연관 키워드	미천왕의 아들, 전연에 굴복, 백제군에게 전사, 광개토 대왕의 할아버지

54 설민석의 한국사 독해 1 · 생각 키우기 인물 PLUS 55

역사를 들여다보면
같은 시대에 살면서 비슷한 꿈을
가진 사람들이 있었어요.
하지만 서로 다른 목표를 가지고
있어서 싸운 사람들도 있었죠.
매주 <생각 키우기 인물PLUS>에서
역사 속 유명인들의 흥미로운 관계를
함께 알아보아요.

이 책의 차례

<정답과 도움말>은 책 안에 별도의 책으로 드려요!

2권, 3권, 4권 살펴보기

2권

주						
1주	01	02	03	04	05	인물PLUS
	신문왕	대조영	장보고	최치원	견훤	견훤VS왕건
2주	06	07	08	09	10	인물PLUS
	궁예	왕건	광종	서희	강감찬	서희와 강감찬
3주	11	12	13	14	15	인물PLUS
	최충	윤관	의천	김부식	일연	김부식과 일연
4주	16	17	18	19	20	인물PLUS
	정지상	최충헌	만적	삼별초	안향	최충헌VS만적
5주	21	22	23	24	25	인물PLUS
	공민왕	신돈	문익점	최영	정몽주	공민왕과 신돈

3권

주						
1주	01	02	03	04	05	인물PLUS
	이성계	정도전	태종	세종	장영실	정몽주VS정도전
2주	06	07	08	09	10	인물PLUS
	이황	신사임당	이이	류성룡	이순신	신사임당과 이이
3주	11	12	13	14	15	인물PLUS
	곽재우	광해군	허준	허난설헌	숙종	허난설헌과 허균
4주	16	17	18	19	20	인물PLUS
	안용복	영조	정조	정약용	김홍도	영조와 정조
5주	21	22	23	24	25	인물PLUS
	김정호	흥선 대원군	전봉준	김대건	최제우	흥선 대원군VS명성 황후

4권

주						
1주	01	02	03	04	05	인물PLUS
	지석영	박은식	최재형	나철	서재필	박은식과 백남운
2주	06	07	08	09	10	인물PLUS
	이회영	홍범도	헐버트	김구	주시경	안창호와 신채호
3주	11	12	13	14	15	인물PLUS
	안창호	한용운	신채호	안중근	김좌진	안중근과 최재형
4주	16	17	18	19	20	인물PLUS
	방정환	유관순	나운규	이봉창	윤봉길	이봉창과 윤봉길
5주	21	22	23	24	25	인물PLUS
	이중섭	이육사	전형필	이승만	장기려	이육사와 윤동주

1 주

1 일

주제

단군왕검

우리나라
최초의 국가를
세우다

학습 계획 ☐ 월 ☐ 일

학습 확인 ☆ ☆ ☆

2 일

주제

동명성왕

나는
하늘과 물의
자손이다!

학습 계획 ☐ 월 ☐ 일

학습 확인 ☆ ☆ ☆

이번 주에 만날 인물 5명의 특징을 제목으로 먼저 살펴보자.

3일

온조

주몽의 아들로 태어나 백제를 건국하다

□ 월 □ 일

☆ ☆ ☆

4일

박혁거세

신라 천 년의 시작

□ 월 □ 일

☆ ☆ ☆

5일

김수로

황금 알에서 태어나 금관 가야를 세우다

□ 월 □ 일

☆ ☆ ☆

01 우리나라 최초의 국가를 세우다
단군왕검

기원전 2333년(동국통감) 고조선 건국
기원전 194년 위만 조선 성립
기원전 108년 고조선 멸망

어휘 미리보기

역사
인류 사회의 변화와 흐름, 흥하고 망하는 과정. 또는 그 기록.

국가
일정한 영토와 거기에 사는 사람들로 구성된 사회 집단.

건국
나라가 세워짐. 또는 나라를 세움.

신화
신비스러운 이야기.

변화하다
사물의 성질, 모양, 상태 따위가 바뀌어 달라지다.

친근하다
사귀어 지내는 사이가 아주 가깝다.

우리나라 최초의 국가인 고조선을 세운 사람은?
그래. 바로 단군왕검이야. 단군왕검부터 시작해 볼까?

하늘에서 내려온 환웅 우리나라 역사상 최초의 국가가 무엇인지 아니? 바로 고조선이야! 첫 시간에는 고조선을 건국한 단군왕검 이야기, 즉 단군 신화에 대해 알려 줄게!

아주 먼 옛날, 하늘의 신 환인에게는 환웅이라는 아들이 있었어. 환웅은 하늘에서 인간 세상을 자주 내려다보며 관심을 가졌다고 해. 환인은 아들 환웅이 인간 세상에 관심이 많다는 것을 알고 인간 세상을 직접 다스리는 것을 허락해 주었어. 환웅은 인간 세상을 널리 이롭게 하기 위해 바람, 비, 구름을 다스리는 신하와 3천 명의 무리를 이끌고 내려와 인간 세상을 다스리게 되었어.

곰과 호랑이 환웅이 인간 세상을 다스리고 있을 때, 곰 한 마리와 호랑이 한 마리가 환웅에게 사람이 되게 해 달라고 기도했어.

"환웅 님, 저희는 사람이 되고 싶습니다. 사람이 되게 해 주세요!"

곰과 호랑이의 간절한 말을 들은 환웅은 사람이 되는 방법을 알려 주었어.

"100일 동안 동굴 속에서 햇빛을 보지 않고, 쑥과 마늘만 먹으면 사람이 될 것이다."

그 후로 곰과 호랑이는 사람이 되기 위해 동굴에 들어가서 쑥과 마늘을 먹기 시작했어. 하지만 매운 마늘과 쓴 쑥만 먹는 것은 쉬운 일이 아니었지. 결국 호랑이는 사람이 되는 것을 포기하고 동굴 밖으로 뛰쳐나가고 말았어.

단군왕검의 탄생 곰은 힘들었지만 혼자 동굴에 남아 쑥과 마늘을 계속 먹었다고 해. 그렇게 동굴에서 쑥과 마늘을 먹은 지 21일째 되던 날, 놀라운 일이 일어났어. 곰이 사람으로 변하게 된 거야! 여자로 변화한 곰에게 환웅은 '웅녀'라는 이름을 지어 주었어. 훗날 웅녀는 환웅과 결혼해서 아들을 낳았어. 그 아들이 바로 고조선을 세운 단군왕검이야! 우리는 단군왕검을 친근하게 '단군 할아버지'라고 부르기도 해.

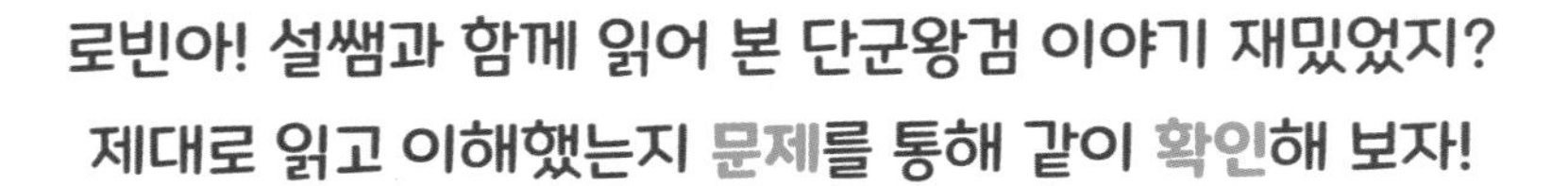

어휘력

다음 낱말과 뜻을 알맞게 선으로 이으세요.

(1) 신화 •　　　　• ㉠ 신비스러운 이야기.

(2) 변화 •　　　　• ㉡ 인류 사회의 변화와 흐름, 흥하고 망하는 과정. 또는 그 기록.

(3) 역사 •　　　　• ㉢ 사물의 성질, 모양, 상태 따위가 바뀌어 달라짐.

2 내용 이해

이야기와 일치하는 내용은 O에 표시하고, 일치하지 않는 내용은 X에 표시하세요.

(1) 호랑이는 100일 동안 마늘과 쑥을 먹었습니다. (O / X)

(2) 곰은 사람이 되어 환웅과 결혼했습니다. (O / X)

(3) 환웅은 인간 세계에 관심이 없었습니다. (O / X)

사고력

다음 글을 읽고 빈칸에 들어갈 알맞은 말을 쓰세요.

단군왕검은 '홍익인간' 정신으로 고조선을 세웠어요. 홍익인간은 '널리 인간을 이롭게 한다.'라는 뜻입니다. 모든 백성들을 이롭게 하여 모두가 잘 살게 하려는 마음이 담겨 있지요. 단군왕검이 인간을 존중하고 사랑하는 마음을 가지고 있었다는 것을 알 수 있습니다. 우리나라는 단군이 고조선을 세운 날인 10월 3일을 개천절로 정해 기념하고 있습니다.

단군왕검은 널리 인간을 이롭게 한다는 ☐☐☐☐ 정신으로 고조선을 세웠습니다.

(　　　　　　　　)

로빈아! 이제 **구조도의 빈칸**만 채우면
단군왕검 이야기는 확실히 알고 넘어가는 거야! 할 수 있지?

4 요약 정리

다음 보기 중 구조도의 빈칸에 들어갈 알맞은 어휘를 고르세요.

보기	단군	환웅	구름	웅녀

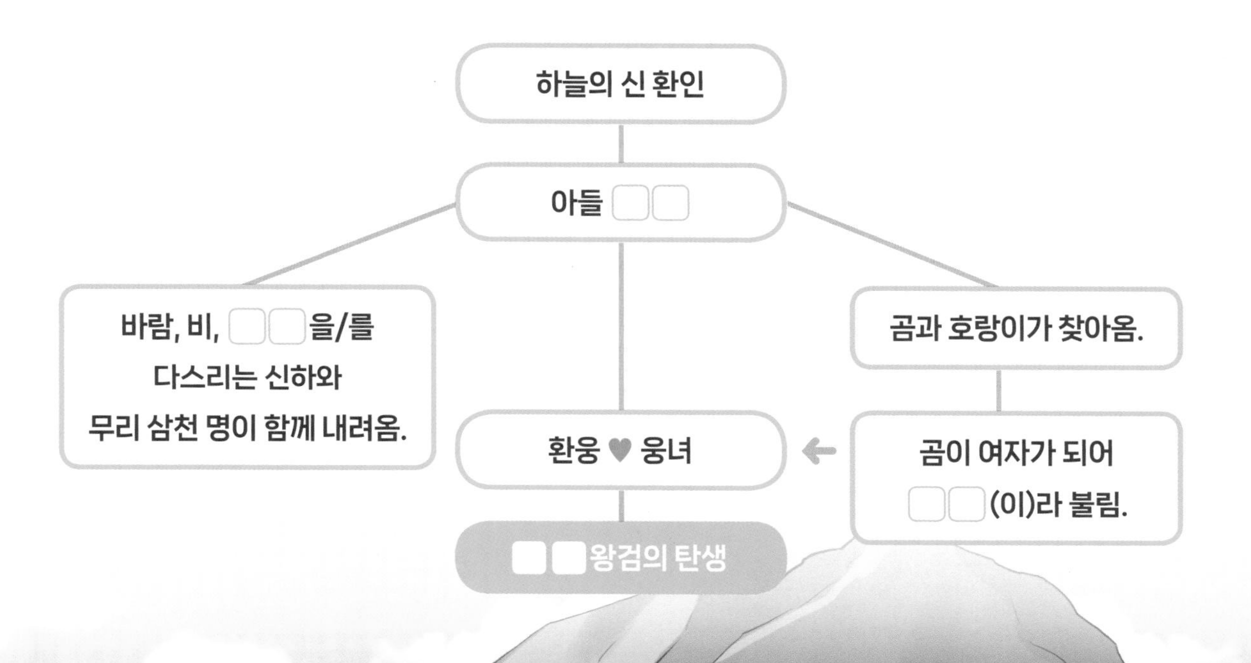

02 나는 하늘과 물의 자손이다! 동명성왕

설쌤 강의 보기

기원전 58년 주몽 출생

기원전 37년 고구려 건국

기원전 19년 주몽 사망

어휘 미리보기

노여움
분하고 섭섭하여 화가 치미는 감정.

사연
일의 앞뒤 사정과 까닭.

보호
위험하거나 곤란한 일이 생기지 않도록 잘 보살펴 돌봄.

방면
어떤 분야.

재능
어떤 일을 하는 데 필요한 재주와 능력.

위협
힘으로 상대방을 겁주고 협박함.

어휘 사용하기

주몽이 태어난 나라는 부여야.
주몽은 어쩌다 고향인 부여를 떠나 고구려를 건국했을까?

주몽의 탄생 옛날 우리나라 '삼국'은 고구려·백제·신라의 세 나라를 말해. 이번에는 삼국 중 고구려를 세운 왕, '동명성왕'이라 불리는 주몽에 대해 이야기해 볼게!

지금의 북만주 지역에는 우리나라에서 고조선에 이어 두 번째로 세워진 국가인 부여가 있었어. 어느 날 부여의 금와왕이 숲에서 사냥을 하다가 울고 있는 한 여인을 발견했어. 그 여인은 물의 신 하백의 딸 유화였지. 유화는 하늘 신의 아들 해모수와 사랑에 빠졌다가 아버지의 노여움을 사서 쫓겨났던 거야. 유화의 사연을 들은 금와왕은 유화를 안타깝게 여겨 궁궐에 데리고 왔어. 그런데 유화에게 이상한 일이 일어나지 뭐야? 햇빛이 유화를 졸졸 따라다니더니 언제부터인가 유화의 배가 점점 불러 오기 시작했어.

그리고 얼마 후, 모두를 깜짝 놀라게 하는 일이 일어났어. 유화가 사람이 아닌 알을 낳았거든. 불길하게 생각한 금와왕은 알을 버리기도 하고 깨뜨리려고도 했지만 그럴 때마다 짐승들이 나타나서 알을 따뜻하게 감쌌어. 마치 짐승들이 알을 보호하듯이 말이야. 시간이 지나고 알에서 한 남자아이가 태어났어. 이 아이가 바로 주몽이야!

주몽의 고구려 건국 주몽의 이름은 '활을 잘 쏘는 사람'이라는 뜻을 가지고 있어. 어릴 때부터 주몽은 활을 아주 잘 쏘고 여러 방면으로 뛰어난 재능을 가졌지. 부여의 여러 왕자들은 그런 주몽을 질투하고 목숨까지 위협했어. 결국 주몽은 몇몇의 신하들을 데리고 부여를 떠나기로 했단다. 그런데 왕자들과 군사들이 떠나는 주몽을 죽이기 위해 뒤쫓아 오기 시작했어. 도망치던 주몽 앞에는 큰 강이 가로막고 있었지. 강을 건널 수 없던 주몽은 소리쳤어.

"나는 하늘 신의 아들이자 물의 신의 손자이다! 길을 열어 달라!"

그러자 놀랍게도 강에서 물고기와 자라들이 물 위에 떠오르더니 주몽이 강을 건널 수 있게 다리를 만들어 주었어. 주몽과 신하들은 물고기와 자라를 밟고 무사히 강을 건널 수 있었지. 주몽은 부여의 남쪽인 졸본으로 가서 고구려를 세우고 왕이 되었단다.

로빈아! 설쌤과 함께 읽어 본 동명성왕 이야기 재밌었지?
제대로 읽고 이해했는지 **문제**를 통해 같이 **확인**해 보자!

1 어휘력

다음 빈칸에 들어갈 알맞은 낱말을 보기에서 골라 쓰세요.

주몽은 어릴 때부터 활을 잘 쏘는 ☐☐이/가 있었어요.

보기 위협 재능 보호

( )

2 내용 이해

다음 중 이야기의 내용에 대한 설명으로 알맞지 않은 것은 무엇인가요? ( )

① 유화는 알을 낳았습니다.
② 알에서는 주몽이 태어났습니다.
③ 주몽은 부여의 다른 왕자들과 사이좋게 지냈습니다.
④ 주몽의 이름은 '활을 잘 쏘는 사람'이라는 뜻을 가지고 있습니다.
⑤ 주몽은 부여의 남쪽으로 가서 고구려를 세우고 왕이 되었습니다.

3 사고력

다음 글을 읽고 빈칸에 들어갈 알맞은 낱말을 쓰세요.

주몽에게는 비류와 온조라는 아들이 있었어요. 어느 날, 유리라는 남자아이가 주몽이 남긴 반쪽짜리 칼을 들고 나타났어요. 유리는 바로 주몽의 아들이었습니다. 이후 주몽은 왕의 자리를 유리에게 주었고, 유리는 고구려의 두 번째 왕이 되었습니다. 주몽의 다른 아들들인 비류와 온조는 남쪽으로 내려갔지요. 훗날 온조는 백제를 세우고 백제의 왕이 됩니다.

주몽의 아들 중 ☐☐은/는 고구려의 두 번째 왕이 되었습니다.

( )

로빈아! 이제 구조도의 빈칸만 채우면
동명성왕 이야기는 확실히 알고 넘어가는 거야! 할 수 있지?

4 요약 정리

다음 보기 중 구조도의 빈칸에 들어갈 알맞은 어휘를 고르세요.

보기	유화	주몽	졸본	고구려

03 주몽의 아들로 태어나 백제를 건국한 온조

기원전 37년 고구려 건국

기원전 18년 백제 건국

28년 온조 사망

어휘 미리보기

증거 어떤 사실을 증명할 수 있는 근거.

이복 아버지는 같고 어머니가 다름.

상심 슬픔이나 걱정 따위로 속을 썩임.

위치 일정한 곳에 자리를 차지함. 또는 그 자리.

유역 강물이 흐르는 언저리.

이동 움직여 옮김. 또는 움직여 자리를 바꿈.

어휘 사용하기

평강아! 뉴스 봤어?
얼마 전 자동차 사고가 나서 사람들이 많이 다쳤대!

응. 사고가 일어난 **위치**가 북한강 **유역**이던데……. 다친 사람들의 가족들은 **상심**이 크겠어.

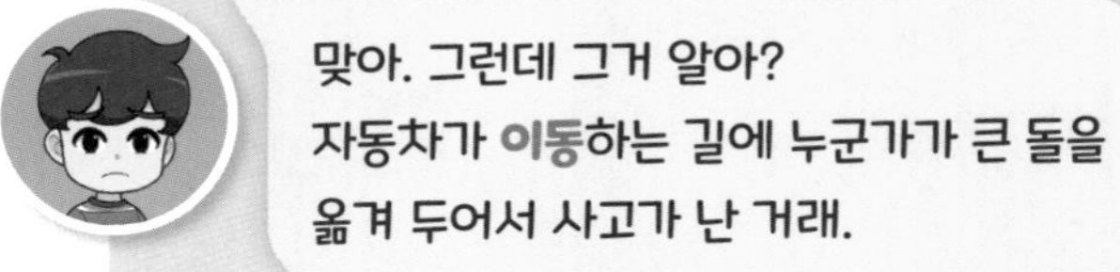

맞아. 그런데 그거 알아?
자동차가 **이동**하는 길에 누군가가 큰 돌을 옮겨 두어서 사고가 난 거래.

정말? 누가 그런 짓을 한 걸까?
하루 빨리 **증거**를 찾아내 범인이 잡혔으면 좋겠어!

1 주 3 일 학습일 월 일

주몽의 아들이었던 온조는 왜 고구려의 왕이 되지 않고
백제를 건국했는지 알아볼까?

비류와 온조 이번에는 주몽의 아들, 백제를 세운 온조왕에 대해 이야기해 보자!

주몽은 고구려를 세우는 데 도움을 준 소서노라는 여인과 결혼했어. 그리고 비류와 온조라는 두 아들을 낳았지. 비류와 온조는 당연히 자신들이 아버지 주몽을 이어 고구려를 다스릴 거라고 생각했을 거야.

그런데 웬걸? 갑자기 부여에서 유리가 찾아온 거야. 유리는 자신이 주몽의 아들이라는 증거인 부러진 칼을 들고 왔어. 유리는 주몽이 부여에서 도망치기 전 예씨 부인과의 사이에서 태어난 아이였어. 주몽은 부러진 칼을 예씨 부인에게 주며 나중에 아이에게 이것을 들고 자신을 찾아오게 하라는 말을 남기고 떠났거든. 즉, 유리는 비류와 온조의 이복형이었지.

주몽은 비류나 온조가 아닌 유리를 태자로 삼았어. 상심한 비류와 온조는 더 이상 고구려에 남아 있을 이유가 없다고 생각했지. 그리고 고구려를 떠나 남쪽으로 내려가 새로운 나라를 세우겠다고 다짐했어.

미추홀과 위례성 고구려를 떠나 남쪽으로 내려간 두 형제는 나라를 세울 위치를 두고 의견이 나뉘었어. 형 비류는 오늘날의 인천인 미추홀에 나라를 세우기를 원했고, 동생 온조는 오늘날의 한강 유역인 위례성에 나라를 세우기를 원했던 거야. 서로 생각이 달랐던 두 형제는 결국 갈라서서 각자 원하는 곳에 나라를 세우게 되었지.

안타깝게도 비류가 나라를 세운 미추홀은 백성들이 살기에 좋지 못했어. 근처에 바다가 있었기 때문에 땅에서 농사를 짓고 살기 힘들었거든. 백성들은 농사에 실패하고 굶주리게 되었어. 반면 온조가 세운 위례성은 강과 산, 풍요로운 땅까지 갖추고 있어서 백성들이 여유롭게 살 수 있었지. 시간이 흘러 미추홀의 신하와 백성들은 더 살기 좋은 위례성으로 이동했어. 온조는 모두를 너그럽게 받아들이고 나라의 이름을 백제라고 지었어.

로빈아! 설쌤과 함께 읽어 본 온조 이야기 재밌었지?
제대로 읽고 이해했는지 문제를 통해 같이 확인해 보자!

1 어휘력

다음 뜻풀이에 알맞은 낱말을 보기에서 골라 쓰세요.

보기	상심	위치	이동

(1) 슬픔이나 걱정 따위로 속을 썩임. (　　　　　)

(2) 움직여 옮김. 또는 움직여 자리를 바꿈. (　　　　　)

(3) 일정한 곳에 자리를 차지함. 또는 그 자리. (　　　　　)

2 내용 이해

이야기의 내용과 일치하는 것을 골라 기호를 쓰세요.

㉠ 주몽은 비류에게 고구려의 왕 자리를 물려주었습니다.

㉡ 비류는 오늘날의 인천인 미추홀에 나라를 세우고, 온조는 오늘날의 한강 유역인 위례성에 나라를 세웠습니다.

㉢ 위례성의 백성들은 더 살기 좋은 미추홀로 이동했습니다.

(　　　　　)

3 사고력

다음은 이야기를 요약한 것입니다. 빈칸에 들어갈 알맞은 낱말을 쓰세요.

고구려의 왕 주몽은 유리에게 왕의 자리를 물려주기로 했습니다. 여기에 상심한 다른 아들들인 비류와 온조는 남쪽으로 내려갔습니다.

비류는 오늘날의 인천인 미추홀에 나라를 세웠고, 온조는 오늘날의 한강 유역인 위례성에 나라를 세웠습니다. 이후 미추홀의 백성들은 더욱 살기 좋은 위례성으로 이동하였고, 온조는 이들을 모두 받아들인 뒤 나라의 이름을 □□라고 지었습니다.

(　　　　　)

로빈아! 이제 구조도의 빈칸만 채우면
온조 이야기는 확실히 알고 넘어가는 거야! 할 수 있지?

4 요약 정리

다음 보기 중 구조도의 빈칸에 들어갈 알맞은 어휘를 고르세요.

보기 유리 온조

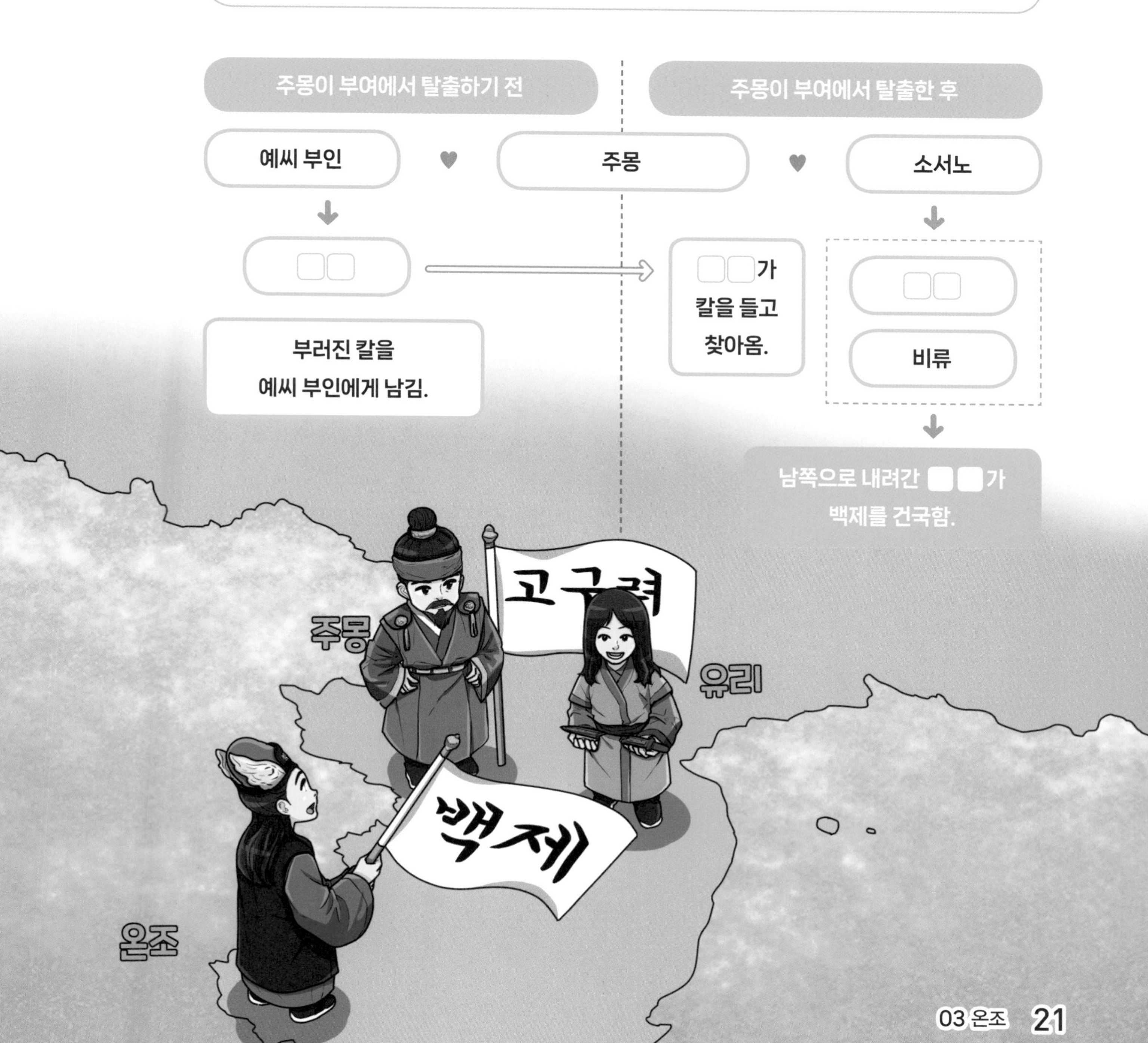

04 신라 천 년의 시작
박혁거세

기원전 69년 박혁거세 출생

기원전 57년 신라 건국

기원전 37년 고구려 건국

어휘 미리보기

촌장
한 마을의 우두머리.

근심
해결되지 않은 일 때문에 속을 태우거나 우울해함.

발견
미처 찾아내지 못하였거나 아직 알려지지 않은 사물이나 현상, 사실 따위를 찾아냄.

우물
물을 얻기 위하여 땅을 파서 지하수를 고이게 한 곳. 또는 그런 시설.

환희
매우 기뻐함. 또는 큰 기쁨.

성장
사람이나 동식물 따위가 자라서 점점 커짐.

어휘 사용하기

평강아!
우리 삼촌이 시골집에 갔다가 **우물**에서 금을 **발견**했어!

우와! 금을 발견했다고?
금을 발견한 삼촌의 얼굴이 **환희**로 가득 찼겠는걸?

맞아!
그런데 금방 실망 가득한 얼굴로 바뀌었어.
왜냐하면 **촌장** 할아버지가 원래 주인을 찾아 줘야 한다며 경찰서에 가져다주셨거든.

하긴. 금을 잃어버린 사람은 정말 **근심**이 가득할 텐데…….
빨리 원래 주인에게 금이 무사히 돌아갔으면 좋겠어!

신라는 삼국 중 발전 속도가 제일 느렸지만 기록상 가장 먼저 세워진 나라야. 박혁거세가 신라를 어떻게 세웠는지 알아볼까?

자주색 알 옛날 경주에는 여섯 명의 촌장들이 여섯 개의 마을을 이루고 살고 있었어. 촌장들에게는 한 가지 근심이 있었는데, 그건 바로 나라를 세우고 이끌어 갈 왕이 없었다는 거야.

그런데 어느 날, 촌장들은 숲속에서 크고 화려한 빛이 번쩍거리는 걸 발견했어. 놀란 촌장들은 빛이 있는 곳으로 부리나케 달려갔지. 그곳에는 흰 말이 우물 옆에 앉아 있지 뭐야?

흰 말은 갑자기 크게 울더니 하늘 위로 올라가 사라져 버렸어. 커다란 자주색 알 하나를 남겨 놓은 채 말이야.

박혁거세의 탄생 촌장들이 가까이 다가가 알에 손을 대자, 알을 깨고 남자아이가 태어났어. 튼튼하고 기운이 센 아이였지. 촌장들은 아이를 보며 환희에 가득 찬 목소리로 외쳤어.

"신께서 우리에게 왕을 보내 주셨구나!"

"신이 내려 준 것이 틀림없소!"

촌장들은 아이를 왕으로 여기고, '박혁거세'라는 이름을 지어 주었어. 박처럼 둥근 알에서 태어났기 때문에 성을 '박', 세상을 밝게 다스린다는 뜻에서 이름을 '혁거세'라고 한 거야.

서라벌 건국 촌장들은 혁거세를 정성을 다해 키우고 보살폈어. 무럭무럭 성장한 혁거세는 13살에 왕이 되어 '서라벌'이라는 나라를 세웠어. 그런데 혹시 서라벌이라는 이름이 낯설게 들리지 않니? 서라벌은 '사로', '계림' 등 여러 이름으로 불리다가 나중에 우리가 알고 있는 '신라'로 이름이 바뀌게 돼.

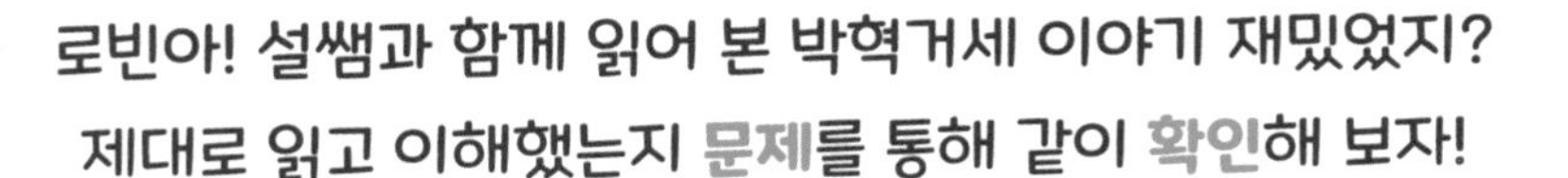

어휘력

다음 낱말과 뜻을 알맞게 선으로 이으세요.

(1) 촌장 •   • ㉠ 매우 기뻐함. 또는 큰 기쁨.

(2) 근심 •   • ㉡ 한 마을의 우두머리.

(3) 환희 •   • ㉢ 해결되지 않은 일 때문에 속을 태우거나 우울해함.

2 내용 이해

이야기의 내용을 알맞게 말한 친구의 이름을 쓰세요.

민영: 촌장들이 달려간 곳에는 자주색 말이 우물 옆에 앉아 있었습니다.
우정: 촌장들은 알에서 태어난 아이를 무서워했습니다.
준서: 박혁거세는 '서라벌'이라는 나라를 세웠습니다.

(   )

사고력

다음 글을 읽고 빈칸에 들어갈 알맞은 말을 쓰세요.

혁거세가 태어난 날, 다른 마을의 우물가에도 신기한 일이 일어났어요. 알영정이라는 우물에 닭의 머리를 한 용이 나타나 여자아이를 낳고 사라진 것입니다. 여자아이는 입술이 닭 부리처럼 생겼지요. 마을 사람들이 냇물로 목욕을 시키자 여자아이의 입술에 붙어 있던 부리가 떨어졌습니다. 사람들은 여자아이가 태어난 우물의 이름을 따서 '알영'이라는 이름을 붙여 주었지요. 훗날 알영은 혁거세와 결혼하게 됩니다.

박혁거세와 그의 부인 알영은 모두 □□ 근처에서 태어났습니다.

(   )

로빈아! 이제 구조도의 빈칸만 채우면
박혁거세 이야기는 확실히 알고 넘어가는 거야! 할 수 있지?

4 요약 정리

다음 보기 중 구조도의 빈칸에 들어갈 알맞은 어휘를 고르세요.

보기 흰 말 혁거세 서라벌

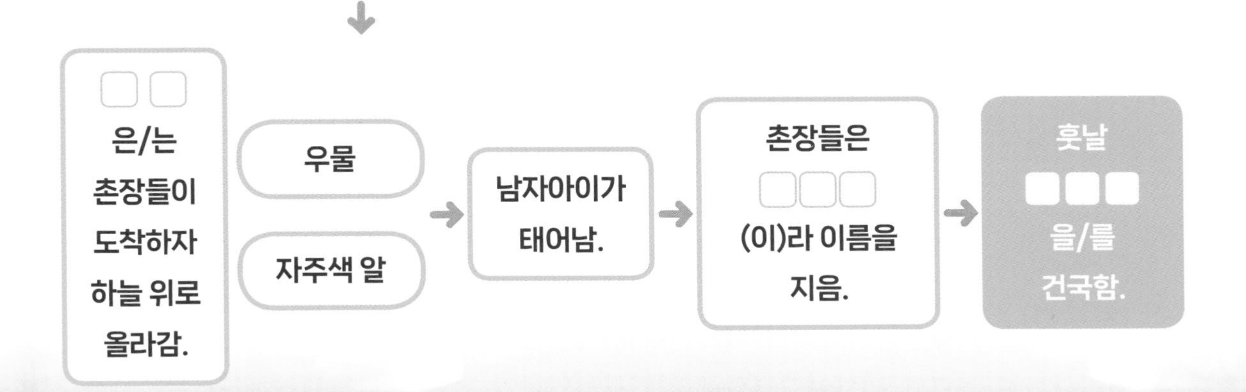

05 황금 알에서 태어나 금관가야를 세운 김수로

기원전 57년 신라 건국 | 42년 금관가야 건국 | 532년 금관가야 멸망

어휘 미리보기

주변
어떤 대상의 둘레.

제사
신이나 죽은 사람의 넋에게 음식을 바쳐 정성을 나타냄. 또는 그런 의식.

특이하다
보통 것이나 보통 상태에 비하여 두드러지게 다르다.

연맹
같은 목적을 가진 국가나 단체가 서로 도우며 함께할 것을 약속함. 또는 그런 단체.

발전
더 높은 단계나 좋은 상태로 나아감.

생산
인간이 생활하는 데 필요한 각종 물건을 만들어 냄.

어휘 사용하기

평강아!
나 오늘 학교에서 **특이**한 단어 배웠다?
국제 **연맹**이라는 말 들어 봤어?

훗! 당연하지!
국제 **연맹**은 국제 연합의 전신이었어.
참고로 전신은 바뀌기 전 단체라는 뜻이야!

역시 평강이는 똑똑하네!
내 **주변**에서 너 말고는 모두 처음 들어 보는 단어라고 했는데…….
너는 언제 들어 봤어?

얼마 전 할아버지 **제사**를 지내러 시골에 갔다가 이모랑 삼촌이 말씀하시는 걸 들었어!

알에서 태어나 왕이 된 인물이 또 있어.
금관가야를 세운 김수로에 대해 알아볼까?

하늘의 목소리 이번에는 금관가야를 세운 왕, 김수로의 이야기를 들려줄게!

옛날 낙동강 주변에는 아홉 명의 촌장들이 모여 살면서 마을을 다스리고 있었어. 어느 날 산봉우리에서 촌장들이 제사를 지내려고 하는데, 갑자기 하늘에서 큰 목소리가 들려오지 뭐야?

"땅을 파면서 이렇게 노래해라. '거북아, 거북아. 네 머리를 내밀어라. 그렇지 않으면 구워서 잡아 먹으리.' 그리고 춤을 추어라. 그렇게 하면 새로운 왕을 만날 수 있을 것이다!"

김수로의 탄생 왕을 만날 수 있다는 생각에 신난 촌장들은 땅을 파면서 즐겁게 노래를 부르고 춤을 췄지. 그러자 얼마 후 놀라운 일이 벌어졌어! 붉은 보자기로 감싼 커다란 황금 상자가 하늘에서 내려온 거야.

황금 상자를 열어 보니 여섯 개의 커다란 황금 알이 들어 있었어. 촌장들은 기쁜 마음으로 신비한 황금 알을 가지고 산을 내려왔지.

얼마 후, 여섯 개의 황금 알에서 여섯 명의 남자아이들이 태어났어. 그중 가장 먼저 태어난 아이가 바로 김수로야!

금관가야의 성장 김수로는 김해에 금관가야를 세우고 왕이 되었어. 그래서 김수로를 '수로왕'이라고 부르기도 해. 그리고 나머지 다섯 명의 동생들도 각각 다섯 가야의 왕이 되면서 총 여섯 개의 가야가 생기게 되었지. 여기서 특이한 점이 있는데, 여섯 개의 가야는 하나의 나라로 합쳐지지 않고 연맹을 이루었다는 거야. 여섯 가야는 서로 도우면서 발전해 나갔어. 특히 김수로가 세운 금관가야에서는 좋은 철이 많이 생산되어 주변 나라에 철을 판매했지. 그래서 금관가야는 경제적으로 성장할 수 있었고, 중심 세력으로 발전할 수 있었단다.

김해 수로왕릉

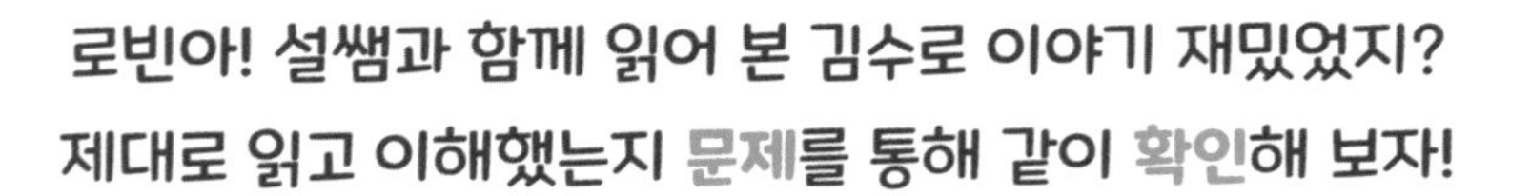

1 빈칸에 들어갈 알맞은 낱말을 보기 에서 골라 쓰세요.

어휘력

보기	주변	연맹	생산

(1) 옛날 낙동강 ☐☐에는 아홉 명의 촌장들이 모여 살았습니다.

(2) 금관가야에서는 철이 ☐☐되어 경제적으로 성장할 수 있었습니다.

(3) 가야는 하나의 나라로 합쳐지지 않고 ☐☐을 이루었습니다.

2 이야기와 일치하는 내용은 O에 표시하고, 일치하지 않는 내용은 X에 표시하세요.

내용 이해

(1) 촌장들이 노래를 부르고 춤을 추자, 황금 알이 담긴 황금 상자가 하늘에서 내려왔습니다. (O / X)

(2) 김수로는 여섯 개의 알 중에서 가장 마지막에 알을 깨고 나왔습니다. (O / X)

(3) 김수로가 세운 나라의 이름은 금관가야입니다. (O / X)

(4) 여섯 개의 가야는 서로 도우며 동맹을 이루었습니다. (O / X)

3 다음 빈칸에 들어갈 알맞은 낱말을 쓰세요.

사고력

하나의 통일된 나라로 발전했던 고구려·백제·신라와 달리 가야는 여러 나라들이 모여 (1) ☐☐을/를 이루었어요. 그중 김수로가 세운 나라인 (2) ☐☐☐☐은/는 좋은 철이 많이 생산되었고, 남해를 통해 중국·왜 등과 교류하기 쉬웠지요. 따라서 좋은 철을 여러 나라에 수출하면서 '철의 왕국'으로 불렸습니다.

(1) (   ), (2) (   )

4 요약 정리

다음 보기 중 구조도의 빈칸에 들어갈 알맞은 어휘를 고르세요.

보기	수로	연맹	상자	금관

하늘에서 황금 □□이/가 내려옴.

↓

김 □□ | □ | □ | □ | □ | □

↓

□□ 가야 건국 → 가야 □□

생각 키우기 인물 PLUS

“역사의 소용돌이 속에서 다른 길을 갔던 두 인물”

김해 수로왕릉

김수로

출생	42년
사망	199년
한 줄 요약	금관가야의 초대 왕
연관 키워드	알(난생 신화) 구지가 허황옥 9척 장신

김수로 VS 석탈해

김수로와 달리 석탈해는 버림받은 왕자 출신이었어. 신라 밖에 있던 용성국이라는 나라의 왕비가 어렵게 임신을 해서 석탈해가 태어났지만, 알에서 태어났다는 이유로 사람들에게 미움을 받게 되었던 거야. 왕은 불길한 징조라고 하여 버리라고 명령했지만, 왕비는 그럼에도 자신이 낳은 자식이라 그냥 버리진 못하고 상자 안에 보석과 함께 넣어 바다로 보냈지.

경주 탈해왕릉

석탈해

출생	기원전 5년(추정)
사망	80년
한 줄 요약	신라 석씨 왕조의 초대 왕
연관 키워드	알(난생 설화) 용성국 경주 석씨 김알지

2주

1일

주제

석탈해

버려진 알에서 태어나 왕이 되다

학습 계획: 월 일

학습 확인: ☆☆☆

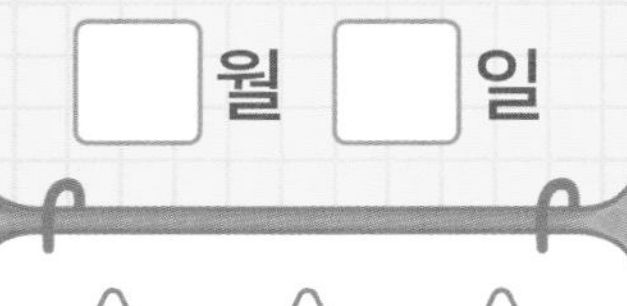

2일

김알지

황금 상자 속 경주 김씨의 시조

학습 계획: 월 일

학습 확인: ☆☆☆

이번 주에 만날 인물 5명의 특징을 제목으로 먼저 살펴보자.

3일

근초고왕

백제 역사상 최전성기를 이끌다

월 일

☆ ☆ ☆

4일

무령왕

백제여! 다시 한 번 일어나자!

월 일

5일

을파소

우리나라 최초의 복지 제도를 만들다

월 일

06

버려진 알에서 태어나 왕이 되다 석탈해

4년 박혁거세 사망 | 57년 석탈해 즉위 | 80년 석탈해 사망

어휘 미리보기

징조
어떤 일이 생길 듯한 눈치나 분위기.

충격
슬픈 일이나 뜻밖의 사건 따위로 마음에 받은 심한 자극이나 영향.

명령
윗사람이나 상위 조직이 아랫사람이나 하위 조직에 무엇을 하게 함. 또는 그런 내용.

안내
어떤 내용을 소개하여 알려 줌. 또는 그런 일.

비범하다
보통 수준보다 훨씬 뛰어나다.

관직
공무원 또는 관리가 국가로부터 위임받은 직무나 직책.

어휘 사용하기

평강아!
학교 홈페이지에 올라온 **안내**문 봤어?

응. 그런데 **충격**적인 내용이 있더라.
온달이가 **비범한** 건 알고 있었는데 그 정도일 줄이야!
어떻게 글짓기 대회에서 1등을 했어?

좋은 꿈을 꿔서 그런가?
자고 일어났더니 왠지 1등할 것 같은 느낌이 들더라고!

무슨 꿈이었는지 말해줄까?
비밀이야! 키키키

어떤 꿈이었는데?
좋은 **징조**를 보여 주는 꿈이었어?

신라를 세운 사람은 박혁거세지만 신라는 박·석·김 씨들이 번갈아 가며 왕이 되었어. 첫 번째 석 씨 왕은 바로 석탈해란다!

버림받은 알 옛날 신라 밖에는 용성국이라는 나라가 있었어. 용성국의 왕비는 결혼한 지 7년 만에 어렵게 임신을 했어. 왕과 왕비는 온 나라의 기대와 관심을 받으며 아이가 태어날 날만 손꼽아 기다리고 있었지. 그런데 왕비가 낳은 건 아이가 아니라 커다란 알이었어.

"사람의 몸에서 알이 나오다니……. 불길한 징조 같으니 당장 버려라!"

충격받은 왕은 알을 버리라고 명령했어.

하지만 왕비는 자기가 낳은 알을 쉽게 버릴 수가 없었어. 결국 왕비는 왕 몰래 알을 비단으로 감싸 상자 안에 넣었어. 상자에는 알과 함께 온갖 귀한 보석을 가득 담았지. 그리고 눈물을 흘리며 상자를 바다에 조심히 떠내려 보냈어.

알에서 태어날 아이가 멀리서라도 꼭 잘 살기를 바라는 마음이지 않았을까?

왕이 된 석탈해 알이 담긴 상자는 바다를 이리저리 떠돌다가 신라의 어느 바닷가에 도착했어. 마침 근처에 있던 한 할머니가 새들의 울음소리를 듣고 소리가 나는 곳으로 찾아갔어. 그곳엔 수십 마리의 까치들이 울고 있었고, 까치들 주변에는 상자가 있었지. 마치 까치들이 상자가 이곳에 있다고 안내하는 것 같았어.

할머니가 상자를 열어 보니, 그 안에는 보석과 함께 건강한 남자아이가 있었어. 할머니는 이 아이를 거두어서 키우고 이름을 '석탈해'라고 지었어.

석탈해는 어릴 때부터 비범하고 총명해서 여기저기 소문이 자자했대. 소문을 들은 신라 왕은 석탈해를 자신의 딸과 결혼시키고 사위로 삼았어. 그리고 석탈해에게 관직을 주어 나랏일도 맡겼지. 훌륭한 능력을 펼치며 나라를 다스리던 석탈해는 이후 신라의 네 번째 왕이 되었어.

로빈아! 설쌤과 함께 읽어 본 석탈해 이야기 재밌었지?
제대로 읽고 이해했는지 문제를 통해 같이 확인해 보자!

1 어휘력

빈칸에 들어갈 알맞은 낱말을 보기에서 골라 쓰세요.

보기 | 징조 | 관직 | 명령

(1) 왕은 알을 보고 불길한 ☐☐(이)라고 말했습니다.

(2) 충격받은 왕은 알을 버리라고 ☐☐했습니다.

(3) 비범하고 총명한 석탈해는 ☐☐을/를 얻어 나랏일을 맡았습니다.

2 내용 이해

이야기의 내용을 알맞게 말하지 못한 친구의 이름을 쓰세요.

유미: 석탈해는 알에서 태어났습니다.

주원: 석탈해는 신라의 공주와 결혼했습니다.

민정: 석탈해는 신라의 세 번째 왕이 되었습니다.

( )

3 사고력

다음 글을 읽고 빈칸에 들어갈 알맞은 말을 쓰세요.

신라에서는 지증왕 전까지 '왕'을 여러 가지 이름으로 불렀습니다. 바로 '거서간', '차차웅', '이사금', '마립간'이지요. '거서간'은 '부족의 우두머리'라는 뜻이고, '차차웅'은 '제사장'이라는 뜻입니다. '이사금'은 '이가 많은 사람'이라는 뜻인데, 이가 많은 사람을 지혜롭다고 생각했기 때문입니다. '마립간'은 '우두머리'라는 뜻입니다.

신라에서 왕을 부르는 이름 중 ☐☐☐은/는 이가 많고 지혜롭다는 뜻입니다.

( )

로빈아! 이제 구조도의 빈칸만 채우면
석탈해 이야기는 확실히 알고 넘어가는 거야! 할 수 있지?

4 요약 정리

다음 보기 중 구조도의 빈칸에 들어갈 알맞은 어휘를 고르세요.

보기: 알 상자 신라 석탈해

용성국

왕 ♥ 왕비

↓

사람 대신 □이/가 태어남.

왕은 불길한 징조 같다며 버리라고 함.

→

왕비는 □□에 온갖 보물을 넣어 바다에 떠내려 보냄.

□□에서 한 할머니가 상자를 발견하고 상자 속 아이의 이름을 □□□(이)라 지음.

↓

훗날 신라의 네 번째 왕이 됨.

07 황금 상자 속 경주 김씨의 시조
김알지

57년 석탈해 즉위 — 65년 김알지 발견 — 262년 미추 이사금 즉위

어휘 미리보기

장면
어떤 장소에서 겉으로 드러난 면이나 벌어진 광경.

보고
일에 관한 내용이나 결과를 말이나 글로 알림.

결심
어떻게 하기로 굳게 마음을 정함. 또는 그런 마음.

왕위
임금의 자리.

양보
다른 사람을 위해 자리나 물건 등을 내주거나 넘겨줌.

후손
자신의 세대에서 여러 세대가 지난 뒤의 자녀.

어휘 사용하기

온달아!
만약에 네가 왕이라면 **왕위**를 다른 사람에게 **양보**할 수 있을 것 같아?

음, 글쎄……. 쉽지는 않을 것 같은데?

아마 큰 **결심**이 필요할 것 같아!
갑자기 왜?

어제 영화를 봤는데 영화 속 왕이 나라와 **후손**들을 위해 왕위를 다른 사람에게 넘겨주는 **장면**이 나왔거든!

그래? 대단하다.
평강이 너라면 어떻게 할 것 같아?

김알지는 박혁거세, 석탈해와 달리 알에서 태어나지 않았어.
또 다른 점은 뭐가 있을까? 같이 살펴보자!

황금 상자와 흰 닭 석탈해가 신라의 왕이 되고 몇 년이 흘렀을 때야. 어느 날, 숲속 어디에선가 닭의 울음소리가 계속 들렸대. 그래서 한 신하가 소리가 들리는 곳으로 찾아갔는데 그곳에서 신기한 장면을 보게 되었지. 큰 나무의 나뭇가지에 황금 상자가 걸려 있는 거야. 게다가 그 황금 상자 아래에는 흰 닭이 크게 울고 있었어.

"황금 상자와 흰 닭이라니……. 이게 도대체 무슨 일인지 모르겠군!"

신하는 급히 돌아가서 자신이 보았던 것을 왕에게 보고했지.

김알지의 탄생 신하의 말을 들은 왕은 숲으로 찾아가 직접 황금 상자를 열어 보았어. 상자 안을 본 왕과 신하들은 깜짝 놀랄 수밖에 없었지. 상자 안에는 남자아이가 있었거든.

"하늘에서 내려 준 아이로구나!"

왕은 크게 기뻐하며 아이를 키우기로 결심하고 궁궐에 데리고 갔어. 아이의 이름도 '알지'라고 지어 주었지. 그리고 황금 상자에서 나왔기 때문에 금을 뜻하는 '김(金)'씨 성을 갖게 되었어.

김알지의 후손들 김알지는 무럭무럭 자랐어. 왕은 김알지에게 왕위를 물려주기 위해 태자로 삼았지. 하지만 김알지는 욕심이 없었던 걸까? 왕위를 다른 사람에게 양보했어.

김알지가 왕의 자리를 양보했지만, 후손들은 왕위에 오르게 되었어. 그리고 훗날 신라의 왕들 중 김 씨 성을 가진 김알지의 후손들이 가장 많이 왕위에 올랐단다.

로빈아! 설쌤과 함께 읽어 본 김알지 이야기 재밌었지?
제대로 읽고 이해했는지 문제를 통해 같이 확인해 보자!

어휘력

제시된 뜻에 알맞은 낱말을 골라 ○표 하세요.

(1) 어떤 장소에서 겉으로 드러난 면이나 벌어진 광경. (장면 / 보고)

(2) 어떻게 하기로 굳게 마음을 정함. 또는 그런 마음. (양보 / 결심)

(3) 자신의 세대에서 여러 세대가 지난 뒤의 자녀. (왕위 / 후손)

내용 이해

다음은 온달이가 김알지에 대해 정리한 내용입니다. 알맞게 정리하지 못한 것은 무엇인가요? (　　　)

어느 날 한 신하가 닭의 울음소리가 들리는 곳으로 찾아갔다. ① 큰 나무의 나뭇가지에 황금 상자가 걸려 있었다. ② 황금 상자 아래에는 흰 닭이 울고 있었고, ③ 상자 안에는 남자아이가 있었다. 왕은 기뻐하며 아이를 궁궐로 데려와 키웠다. ④ 왕은 아이의 이름을 '김알지'라고 지었다. ⑤ 김알지는 훗날 신라의 왕이 되었다.

사고력

다음 글의 내용으로 알맞지 않은 것은 무엇인가요? (　　　)

신라의 시조인 박혁거세, 석탈해, 김알지는 모두 신비로운 탄생 이야기를 가지고 있어요. 박혁거세는 흰 말 옆의 자주색 알에서 태어났고, 석탈해는 바다 위 상자 속 알에서 태어났지요. 김알지는 큰 나무에 걸려 있던 상자 안에서 발견되었어요. 이렇게 신비한 탄생 이야기는 백성들이 이들을 더욱 특별한 존재로 생각하게 했지요.

① 박혁거세는 자주색 알에서 태어났습니다.
② 석탈해가 태어난 알은 상자에 담겨 있었습니다.
③ 박혁거세, 석탈해, 김알지는 모두 알에서 태어났습니다.
④ 박혁거세, 석탈해, 김알지의 탄생에는 신비한 이야기가 있습니다.
⑤ 신비한 탄생 이야기는 백성들이 신라의 시조를 특별한 존재로 생각하게 했습니다.

로빈아! 이제 구조도의 빈칸만 채우면
김알지 이야기는 확실히 알고 넘어가는 거야! 할 수 있지?

4 요약 정리

다음 보기 중 구조도의 빈칸에 들어갈 알맞은 어휘를 고르세요.

보기: 닭 / 황금 상자 / 김알지 / 석탈해

신하가 □의 울음소리가 들리는 숲속으로 향함. → 보고 → □□□(이)가 숲으로 찾아감.

발견 ↘ ↙

나뭇가지에 걸려 있는 □□□□

⇩ 상자를 열자 남자아이가 나옴.

왕이 □□□(이)라 이름 지어 주고 태자로 삼음.

08 백제의 역사상 최전성기를 이끌다 근초고왕

234년 고이왕 즉위 — 346년 근초고왕 즉위 — 371년 고국원왕 전사

어휘 미리보기

기습
적이 생각지 않았던 때에, 갑자기 들이쳐 공격함. 또는 그런 공격.

영토
국가의 통치권이 미치는 구역.

전성기
형세나 세력 등이 한창 왕성한 시기.

업적
어떤 사업이나 연구 등에서 이루어 낸 훌륭한 결과.

교류
문화나 사상 등이 서로 오감.

금속
쇠, 금, 은처럼 열과 전기를 잘 통과시키며 특유의 광택이 있는 단단한 물질.

어휘 사용하기

평강아! 수학여행 잘 다녀왔어? 통일 전망대 갔다면서. 북한의 **영토**를 직접 보니 어땠어?

북한이 우리나라를 **기습**적으로 공격하여 일어난 6·25 전쟁 때문에, 이전에는 갈 수 있었던 땅을 지금은 못 가고 있다니 가슴 아팠어.

하루 빨리 남북 **교류**가 활발하게 이루어져서 통일이 되었으면 좋겠어!

맞아! 통일이 된다면 한반도는 **전성기**를 맞이하지 않을까?

그럼 진~짜 좋지!

삼국 중에서 가장 먼저 전성기를 이룬 나라는 백제였어.
근초고왕은 어떻게 백제의 전성기를 이룰 수 있었을까?

백제의 전성기 근초고왕이 백제를 다스리던 때, 백제는 고구려와 여러 차례 전투를 벌이고 있었어. 그러던 어느 날 고구려가 백제를 쳐들어올 거라는 소식을 들은 근초고왕은 군사들을 숨겨 두었어. 그리고 고구려군이 백제에 쳐들어오자 숨어 있던 근초고왕은 고구려군을 기습 공격했지. 이 전투에서 이긴 백제는 자신감이 생겼던 걸까?

이후 근초고왕은 군사를 이끌고 고구려의 평양성으로 직접 쳐들어갔어. 고구려에서는 고국원왕이 직접 나와 백제군에 맞섰지. 하지만 고국원왕은 날아온 백제군의 화살에 맞아 쓰러지고 말았어.

"고구려의 왕이 화살에 맞았다! 우리 백제가 반드시 이길 것이다!"

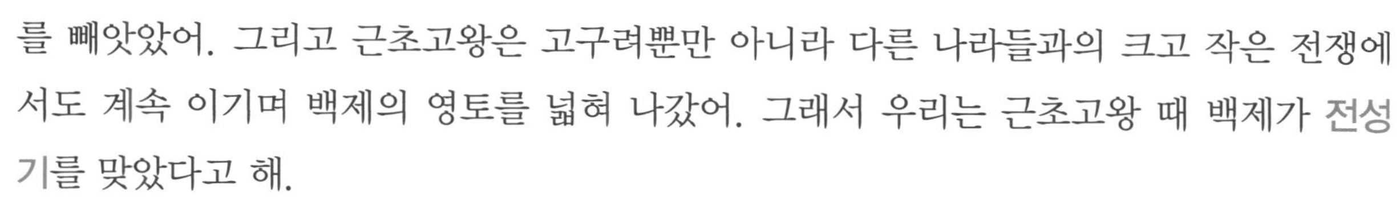

결국 백제는 고구려를 크게 이기고 고구려의 영토 일부를 빼앗았어. 그리고 근초고왕은 고구려뿐만 아니라 다른 나라들과의 크고 작은 전쟁에서도 계속 이기며 백제의 영토를 넓혀 나갔어. 그래서 우리는 근초고왕 때 백제가 전성기를 맞았다고 해.

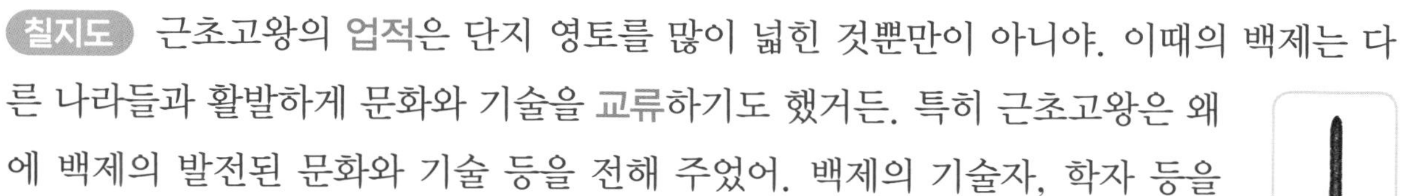

칠지도 근초고왕의 업적은 단지 영토를 많이 넓힌 것뿐만이 아니야. 이때의 백제는 다른 나라들과 활발하게 문화와 기술을 교류하기도 했거든. 특히 근초고왕은 왜에 백제의 발전된 문화와 기술 등을 전해 주었어. 백제의 기술자, 학자 등을 보내 도움을 주면서 말이야.

그리고 근초고왕은 왜의 왕에게 일곱 개의 가지로 이루어진 '칠지도'라는 칼을 주었다는 이야기도 전해. 칠지도에는 수십 개의 글자가 금으로 새겨져 있지.

우리는 칠지도를 통해 백제와 왜의 관계, 그리고 백제의 뛰어난 금속 기술을 알 수 있어.

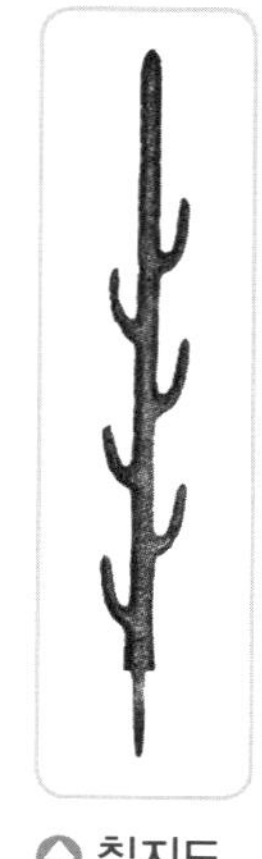
칠지도

로빈아! 설쌤과 함께 읽어 본 근초고왕 이야기 재밌었지?
제대로 읽고 이해했는지 문제를 통해 같이 확인해 보자!

1 어휘력

다음 낱말과 뜻을 알맞게 선으로 이으세요.

(1) 업적 • • ㉠ 어떤 사업이나 연구 등에서 이루어 낸 훌륭한 결과.

(2) 교류 • • ㉡ 형세나 세력 등이 한창 왕성한 시기.

(3) 전성기 • • ㉢ 문화나 사상 등이 서로 오감.

2 내용 이해

이야기와 일치하는 내용은 O에 표시하고, 일치하지 않는 내용은 X에 표시하세요.

(1) 근초고왕은 고국원왕과의 전투에서 승리하였습니다. (O / X)

(2) 근초고왕은 다른 나라에 도움을 주지 않았습니다. (O / X)

(3) 칠지도에서 백제의 뛰어난 금속 기술을 알 수 있습니다. (O / X)

3 사고력

다음 밑줄 친 백제의 '교류'가 나타난 물건을 이야기에서 찾아 쓰세요.

> 백제는 근초고왕 때 전성기를 맞이하였어요. 근초고왕은 백제 주변 나라의 상황을 주의 깊게 잘 살폈지요. 주변 나라들과 교류도 활발히 해 나갔답니다.
> 또한 근초고왕은 마한까지 진출하여 영토를 키웠어요. 힘을 기른 근초고왕은 고구려와의 전투에서도 승리하며 백제의 위상을 높였답니다.

( )

로빈아! 이제 구조도의 빈칸만 채우면
근초고왕 이야기는 확실히 알고 넘어가는 거야! 할 수 있지?

4 요약 정리

다음 보기 중 구조도의 빈칸에 들어갈 알맞은 어휘를 고르세요.

보기: 평양성 / 근초고왕 / 칠지도 / 고국원왕

백제 □□□□ vs 고구려 □□□□ → □□□ 전투 → 고국원왕 전사 백제의 승리

백제 □□□□ ↓ □□□ → 왜의 왕에게 하사

09 백제여! 다시 한 번 일어나자! 무령왕

475년 백제 웅진 천도 | 501년 무령왕 즉위 | 523년 무령왕 사망

어휘 미리보기

복수심
자신에게 끼친 사람에게 원수를 갚으려고 벼르는 마음.

수도
한 나라의 중앙 정부가 있는 도시.

복구
고장나거나 파괴된 것을 이전의 상태로 되돌림.

정비
흐트러진 체계를 정리하여 제대로 갖춤.

양식
일정한 모양이나 형식.

영향
어떤 것의 효과나 작용이 다른 것에 미치는 일.

어휘 사용하기

평강아!
얼마 전 태풍의 **영향**으로 물에 잠긴 집이 많았는데 그 이후로 어떻게 되었어?

수도권을 중심으로 피해 **복구** 작업에 들어갔다고 해.
그리고 앞으로 있을 수 있는 물난리에 대비해서 배수구 **정비**도 다시 한다고 들었어!

그렇구나.
앞으로 이런 일이 안 일어났으면 좋겠어.

맞아. 이런 일은 이제 없어야 할텐데…….
이번 기회에 오래된 시설이나 장비를 꼼꼼히 **정비**한다면 괜찮을 거야.

백제는 한때 아주 어렵고 힘든 시간을 보냈어.
그런 **백제를 다시 일으켜 세우기** 위해 **무령왕**은 어떤 노력을 했을까?

무령왕의 노력 백제 근초고왕에 의해 왕을 잃고 땅도 빼앗긴 고구려는 백제에 대한 복수심으로 활활 불타올랐어. 시간이 흘러, 고구려의 장수왕은 백제의 수도를 공격해 왕을 죽이면서 복수에 성공하게 돼. 왕을 잃은 백제는 혼란스러웠어. 이에 수도를 웅진으로 옮기고 피해를 복구하려고 했지만 쉽지 않았지. 이후 왕위에 오른 무령왕은 백제를 다시 일으켜 세우기 위해 많은 노력을 했어.

먼저 백성들이 편하게 살 수 있도록 했어. 가뭄으로 인해 농사에 피해를 입지 않도록 저수지를 만들고, 백성들이 굶주리면 음식을 나누어 주었어. 그리고 지방의 22곳에 왕족을 보내서 왕족들이 그곳을 직접 다스리게 했어. 지방 곳곳을 잘 다스리고 무너진 왕의 힘을 강하게 하기 위해서였지. 이렇게 무령왕은 나라를 정비하고 안정시켰어.

무령왕릉 무령왕은 다른 나라들과의 교류도 활발하게 진행했어. 그 사실은 무령왕의 무덤인 무령왕릉을 통해서도 알 수 있지. 무령왕릉은 벽돌을 쌓아 만든 벽돌무덤 양식을 갖추고 있어. 이러한 양식은 원래 백제에 없었는데 중국 양나라의 영향을 받아 만들어진 것이지. 그리고 무령왕의 관은 일본의 소나무를 가져와서 만들었어. 이를 통해 무령왕 때 백제는 중국, 일본과 활발하게 교류했다는 것을 알 수 있지.

무령왕릉

참고로, 이것 하나만 더 알아 둬! 무령왕릉은 백제 왕들의 무덤 중 유일하게 주인을 알 수 있는 무덤이야. 왜냐면 무덤 안에서 무덤의 주인인 무령왕의 이름이 새겨진 돌이 발견되었거든. 친절하게도 무령왕릉이 오늘날 우리에게 많은 걸 알려 주는 것 같아!

로빈아! 설쌤과 함께 읽어 본 무령왕 이야기 재밌었지?
제대로 읽고 이해했는지 문제를 통해 같이 확인해 보자!

1 어휘력

밑줄 친 말과 바꾸어 쓸 수 있는 낱말을 보기에서 골라 쓰세요.

보기	복수심	복구	양식

(1) 고구려는 백제에게 패배한 후 원수를 갚으려는 마음으로 가득했습니다.

( )

(2) 무령왕릉은 그동안 백제에는 없던 모양이나 형식으로 만들어졌습니다.

( )

(3) 백제는 전쟁으로 입은 피해를 이전의 상태로 되돌리기 위해 노력했습니다.

( )

2 내용 이해

백제를 일으키기 위해 무령왕이 한 노력으로 알맞지 않은 것을 보기에서 골라 기호를 쓰세요.

보기
㉠ 저수지를 만들었습니다.
㉡ 굶주린 백성에게 음식을 나누어 주었습니다.
㉢ 왕족들에게 수도권을 다스리도록 하였습니다.

( )

3 사고력

다음 글을 읽고 빈칸에 들어갈 알맞은 나라를 쓰세요.

무령왕릉은 백제에서 볼 수 없었던 벽돌무덤 양식이지요. 초기 백제 무덤은 고구려의 영향을 받은 계단식 돌무지무덤이었다가, 이후에는 굴식 돌방무덤 양식으로 변했어요. 벽돌무덤 양식은 주로 중국에서 만들던 무덤 양식입니다. 무령왕릉 안에서는 중국 양나라에서 사용하던 동전 꾸러미도 발견되었습니다. 무령왕의 관은 '금송'이라는 나무로 만들어졌는데, 금송은 일본 남부 지역에서만 자라는 독특한 종입니다.

→ 백제는 ☐☐, ☐☐와/과 많은 교류를 하였습니다.

로빈아! 이제 **구조도의 빈칸**만 채우면
무령왕 이야기는 확실히 알고 넘어가는 거야! 할 수 있지?

4 요약 정리

다음 보기 중 구조도의 빈칸에 들어갈 알맞은 어휘를 고르세요.

보기	무령왕	22	양나라

- (□□□)
  - 교류
    - 중국 □□□, 일본과 활발한 교류를 함.
  - 체제 정비
    - 저수지를 만들어 가뭄에 대비함.
    - 지방의 □□곳에 왕족을 파견함.

10 우리나라 최초의 복지 제도를 만들다
을파소

179년 고국천왕 즉위 | 194년 진대법 실시 | 203년 을파소 사망

어휘 미리보기

근심
해결되지 않은 일 때문에 속을 태우거나 우울해함.

제도
관습, 도덕, 법률 등의 규범이나 사회 구조 체계.

건의
어떤 문제에 대하여 의견이나 바라는 사항을 제시함. 또는 그 의견이나 바라는 사항.

복지
행복하게 사는 삶.

시행
법률이나 명령 등을 일반 대중에게 알린 뒤에 실제로 그 효력을 나타내는 일.

통곡
큰 소리로 슬피 욺.

고구려의 을파소는 진대법이라는 제도를 건의했어.
진대법은 오늘날의 복지 제도라고 하는데, 어떤 내용일까?

고국천왕과 을파소 고구려 고국천왕 때 이야기야. 고구려는 조금씩 자리를 잡아 가고 있었는데 고국천왕에게는 한 가지 고민이 있었지. 그건 바로 함께 나라를 이끌어 갈 훌륭한 인재가 없었다는 거야. 고국천왕의 근심이 깊어 가던 그때, 누군가 고국천왕에게 을파소라는 사람을 추천했어.

을파소는 뛰어난 능력이 있었지만 시골에서 조용히 농사짓고 사는 중이었지. 을파소와 함께하기를 원했던 고국천왕은 을파소의 집으로 신하들을 보냈어. 을파소를 궁궐로 정중히 모셔 가기 위해서였지. 예의를 갖춘 고국천왕의 행동에 을파소도 마음을 열었어. 결국 을파소는 고구려의 신하가 되어 고국천왕과 함께하게 되었지.

진대법 고구려의 가장 높은 관직인 국상이 된 을파소는 나라와 백성들을 위해 여러 노력을 했어. 을파소가 예전에 농사를 지으며 살았기 때문일까? 을파소는 백성들의 사정을 누구보다 잘 헤아리고 이해하고 있었어. 나라가 안정되어 보여도 가난한 백성들은 음식조차 먹기 힘들다는 현실을 말이야.

을파소는 고국천왕에게 진대법이라는 제도를 건의했어. 진대법은 우리나라 최초의 복지 제도라고 할 수 있어. 가난한 백성들에게 봄에 곡식을 빌려주고 가을에 돌려받는다는 내용이었지. 즉, 백성들이 농사를 망쳐서 굶게 되는 어려운 시기에 곡식을 빌려주고 곡식을 수확하는 가을에는 갚도록 하는 거야.

고국천왕은 을파소의 말대로 진대법을 시행했어. 진대법은 많은 백성들의 환영을 받았지. 진대법 덕분에 굶주리는 사람들이 많이 줄어들게 되었거든. 혹시나 농사를 망쳤어도 나라에서 곡식을 빌릴 수 있게 되었으니 말이야.

백성들은 을파소를 아주 좋아했어. 그래서 을파소가 죽자 고구려의 모든 백성들이 슬퍼하며 통곡했다고 해.

로빈아! 설쌤과 함께 읽어 본 을파소 이야기 재밌었지?
제대로 읽고 이해했는지 **문제**를 통해 같이 **확인**해 보자!

1 제시된 뜻에 알맞은 낱말을 보기 에서 골라 쓰세요.

어휘력

보기 근심 제도 건의

(1) 어떤 문제에 대하여 의견이나 바라는 사항을 제시함. ( )

(2) 해결되지 않은 일 때문에 속을 태우거나 우울해함. ( )

(3) 관습, 도덕, 법률 등의 규범이나 사회 구조 체계. ( )

2 이야기의 내용과 일치하는 내용은 O에 표시하고, 일치하지 않는 것은 X에 표시하세요.

내용 이해

(1) 을파소는 원래부터 궁궐에서 일했습니다. (O / X)

(2) 을파소는 귀족들을 위해 진대법 시행을 건의했습니다. (O / X)

(3) 진대법은 우리나라 최초의 복지 제도라고 할 수 있습니다. (O / X)

3 다음 진대법에 대한 설명으로 알맞지 않은 것을 보기 에서 골라 기호를 쓰세요.

사고력

을파소는 가난한 백성들을 위해 진대법 시행을 건의했어요. 귀족들은 진대법 시행에 반대했어요. 진대법을 실시하면 곡식을 나라에서 빌릴 수 있으므로, 백성들이 귀족들에게 진 빚을 갚지 못해 노비가 되는 일이 줄어들기 때문이에요.

노비가 줄어들면 세금을 걷을 수 있는 일반 백성이 늘어나 왕의 힘도 강해질 수 있어요. 따라서 진대법은 백성을 위한 법이자 왕권을 강화하는 제도라고 할 수 있지요.

보기

㉠ 진대법은 왕권 강화에 도움이 되는 제도입니다.

㉡ 귀족들은 진대법 시행에 적극적으로 찬성했습니다.

㉢ 진대법은 백성들이 나라에서 곡식을 빌리는 제도입니다.

( )

로빈아! 이제 구조도의 빈칸만 채우면
을파소 이야기는 확실히 알고 넘어가는 거야! 할 수 있지?

4 요약 정리

다음 보기 중 구조도의 빈칸에 들어갈 알맞은 어휘를 고르세요.

보기	을파소	진대법

□□□ → 고국천왕 → 굶주리는 백성들이 줄어듦.

- (□□□ → 고국천왕) 봄에 곡식을 빌려주고 가을에 갚도록 하는 □□□을/를 건의함.
- (고국천왕 → 굶주리는 백성들이 줄어듦.) 법을 시행함.

생각 키우기 인물 PLUS

“역사의 소용돌이 속에서 다른 길을 갔던 두 인물”

근초고왕은 백제의 전성기를 이끈 왕이야. 특히 그는 백제를 괴롭히던 마한의 여러 나라를 병합하고, 한의 군현이었던 옛 대방군 지역을 정복하고자 했어. 그런데 그 과정에서 고구려 고국원왕의 방해를 받았고, 양국은 수없이 전쟁을 벌였지. 결국 근초고왕은 고구려를 꺾기 위해 평양성을 공격하고 고국원왕을 전사시켰어.

근초고왕

즉위	346년
사망	375년
한 줄 요약	백제의 전성기를 이끈 왕
연관 키워드	고국원왕 전사 마한 병합 아직기 왕인, 칠지도

근초고왕 VS 고국원왕

고국원왕은 고구려의 왕권을 강화하고,
영토를 넓힌 미천왕의 아들로 태어났어.
하지만 그가 왕위에 올랐을 때 주변 상황이
너무 좋지 못했지. 당시 중국은 5호 16국
시대라고 해서 혼란한 시대를 맞이했는데,
그중 선비족이 고구려에 심각한 피해를
입힌 거야. 여기에 더해 백제 근초고왕까지
고구려를 공격하고, 이를 막으려던
고국원왕은 끝내 전사하게 돼.

고국원왕

즉위	331년
사망	371년
한 줄 요약	평양성에서 전사한 고구려 왕
연관 키워드	미천왕의 아들 전연에 굴복 백제군에게 전사 광개토 대왕의 할아버지

3주

1일

주제

광개토 대왕

고구려를
더 강하게!
더 넓게!

학습 계획: □월 □일

학습 확인

2일

장수왕

고구려의
전성기를
이끌다

학습 계획: □월 □일

학습 확인

이번 주에 만날 인물 5명의 특징을 제목으로 먼저 살펴보자.

3일

진흥왕

드디어 신라의 전성기를 열다

□ 월 □ 일

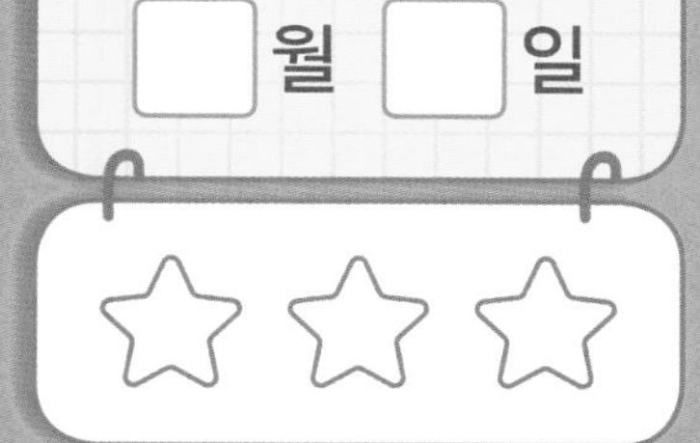

4일

우륵

가야금으로 망국의 한을 달래다

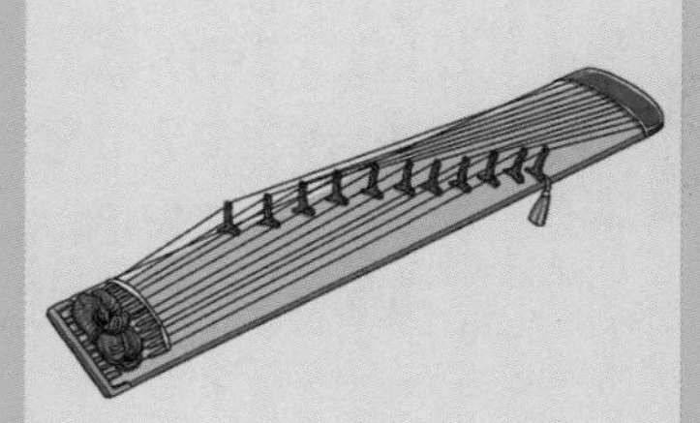

□ 월 □ 일

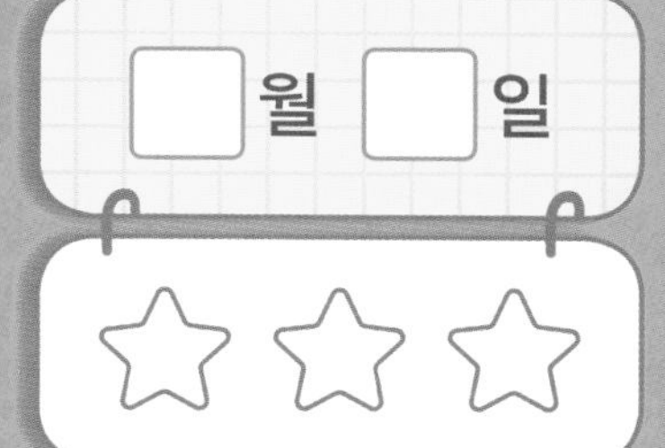

5일

온달

실존했던 고구려의 훌륭한 장수

□ 월 □ 일

11 고구려를 더 강하게! 더 넓게! 광개토 대왕

371년 고국원왕 사망
391년 광개토 대왕 즉위
396년 고구려의 백제 공격

어휘 미리보기

원수
억울하고 원통하여 마음에 응어리가 맺힐 정도로 자기에게 해를 끼친 사람이나 집단.

반격
상대의 공격을 맞받아 다시 공격함.

항복
적이나 상대편의 힘에 눌려 자신의 뜻을 굽히고 복종함.

인질
상대방이 약속을 지키게 하려고 잡아 두는 사람.

굴복
힘이 모자라서 복종함.

기세
힘차게 뻗치는 기운이나 세력.

‘고구려의 왕’ 하면 광개토 대왕이 가장 먼저 생각나지?
그의 위대한 업적을 한번 살펴보자.

복수의 성공 고구려의 고국원왕이 백제에 의해 목숨을 잃은 후 고구려와 백제는 원수 사이가 되었어. 고국원왕의 손자인 광개토 대왕은 어린 시절부터 할아버지의 복수를 하겠다고 다짐했지. 그리고 18세에 왕이 된 광개토 대왕은 왕위에 오른 지 얼마 되지 않아 곧바로 전쟁을 시작했어.

“드디어 할아버지의 원수를 갚을 때가 왔다! 백제를 공격하라!”

광개토 대왕은 백제를 여러 차례 공격했어. 그때마다 백제는 열심히 반격했지만 고구려를 이기지 못했어. 이후 광개토 대왕은 백제 아신왕의 항복을 받아 내며 백제의 왕족들을 인질로 잡았어. 백제가 더 이상 상대가 될 수 없을 정도로 고구려의 힘은 세졌어.

최고의 정복왕 남쪽의 백제를 굴복시킨 광개토 대왕은 여기서 그치지 않고 북쪽으로 나아갔어. 가는 곳마다 적들을 물리치고 승리하면서 고구려군의 기세는 하늘을 찔렀지. 고구려의 기세가 워낙 강하다 보니 적들은 고구려의 이름만 들어도 벌벌 떨었어. 심지어 싸움 한번 해 보지 않고 항복하기도 했지. 그만큼 고구려와 광개토 대왕은 아주 강력했어. 중국의 동북 지역인 요동 지역 대부분을 갖게 될 정도로 말이야!

광개토대왕릉비
(일제 강점기 때 사진)

하지만 안타깝게도, 광개토 대왕은 39세의 젊은 나이에 세상을 떠나게 돼. 만약 광개토 대왕이 더 오래 살았더라면 고구려의 영토는 더 넓어지지 않았을까?

시간이 흘러, 광개토 대왕의 아들 장수왕은 자랑스러운 아버지의 업적을 알리기 위해 비석을 세웠어. ‘광개토대왕릉비’라고 불리는 이 비석은 우리나라 역사상 가장 많은 영토를 정복한 왕, 광개토 대왕의 업적이 가득 새겨져 있다고 해.

로빈아! 설쌤과 함께 읽어 본 광개토 대왕 이야기 재밌었지?
제대로 읽고 이해했는지 문제를 통해 같이 확인해 보자!

1 뜻풀이와 낱말의 연결이 바르면 O표, 바르지 않으면 X표 하세요.

어휘력

(1) 반격 – 적이나 상대편의 힘에 눌려 자신의 뜻을 굽히고 복종함. (O / X)

(2) 항복 – 상대의 공격을 맞받아 다시 공격함. (O / X)

(3) 기세 – 힘차게 뻗치는 기운이나 세력. (O / X)

2 다음 보기를 일이 일어난 순서대로 바르게 나열하세요.

내용 이해

보기

㉠ 백제의 왕은 결국 고구려에 항복했습니다.
㉡ 왕위에 오른 광개토 대왕은 백제를 공격했습니다.
㉢ 고구려의 고국원왕이 백제군에 의해 목숨을 잃었습니다.
㉣ 백제는 광개토 대왕이 이끄는 고구려군의 공격을 반격했지만 막을 수 없었습니다.

( ) → ( ) → ( ) → ( )

3 다음 글을 읽고, 당시 고구려의 상황을 알맞게 짐작한 친구의 이름을 쓰세요.

사고력

광개토 대왕릉비는 광개토 대왕의 아들 장수왕이 아버지의 업적을 널리 알리기 위해 고구려의 수도였던 국내성에 세운 비석이에요. 국내성은 지금의 중국 지역이지요. 비석에는 고구려의 건국 신화와 광개토 대왕의 업적이 연도별로 적혀 있어요. 백제를 낮춰 부른 것으로 보아 백제와 사이가 좋지 않았다는 사실도 알 수 있답니다.

연수: 신라와 사이가 좋지 않았던 사실을 알 수 있어.
현아: 광개토 대왕의 업적을 백성들이 잘 알 수 없었다니 아쉬워.
진서: 지금 중국 땅인 국내성이 고구려의 수도였다니 고구려의 영토는 무척 넓었구나.

( )

로빈아! 이제 **구조도의 빈칸**만 채우면
광개토 대왕 이야기는 확실히 알고 넘어가는 거야! 할 수 있지?

요약 정리

다음 보기 중 구조도의 빈칸에 들어갈 알맞은 어휘를 고르세요.

보기 요동 백제 광개토 대왕

북쪽: □□ 지역 대부분을 차지함.

↑

□□□□□

↓

남쪽: □□을/를 공격하여 항복을 받아 냄.

12 고구려의 전성기를 이끌다 장수왗

396년	413년	427년
고구려의 백제 공격	장수왕 즉위	평양 천도

어휘 미리보기

차지
사물이나 공간, 지위 따위를 자기 몫으로 가짐.

계획
앞으로 할 일을 미리 헤아려 정함. 또는 그 내용.

판단
논리나 기준에 따라 어떠한 것에 대한 생각을 정함.

동맹
둘 이상의 개인이나 단체, 나라 등이 이익을 위해서 서로 돕기로 한 약속. 또는 그런 조직.

요청
필요한 어떤 일이나 행동을 해 달라고 부탁함. 또는 그런 부탁.

기념
어떤 뜻깊은 일이나 훌륭한 인물 등을 오래도록 잊지 아니하고 마음에 간직함.

어휘 사용하기

평강아! 다음 주 운동회에 있을 달리기 시합 준비는 잘되고 있어?

엄청난 **기념**품이 준비되어 있다더라!

연습 **계획**을 세워 준비하고 있긴 한데……. 이번에도 1등을 할 수 있을지는 잘 모르겠어!

출발점에서 좋은 자리를 **차지**하는 것도 중요하대. 좋은 자리를 달라고 선생님께 **요청**드려 볼까?

아니야, 내가 **판단**했을 때는 자리는 크게 중요하지 않은 것 같아! 열심히 연습하고 정당하게 경쟁해 볼게.

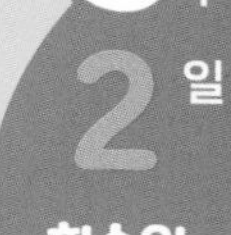

광개토 대왕이 고구려의 전성기를 열었다면,
그의 아들 장수왕은 고구려의 전성기를 오랜 기간 이끌어 나갔어.

백제와 신라의 동맹 광개토 대왕의 아들 장수왕은 아버지를 본받고 싶었던 걸까? 장수왕 역시 고구려의 영토를 더 넓힐 생각을 하고 있었어. 남쪽에 있는 백제와 신라를 쉽게 공격하려고 수도를 옮길 계획까지 세웠지. 결국 장수왕은 고구려의 수도를 남쪽과 더 가까운 평양성으로 옮겼어. 이걸 '평양 천도'라고 하지.

고구려가 수도를 옮겨 남쪽으로 내려오자, 백제와 신라는 불안해졌어. 고구려가 금방이라도 자기 나라에 쳐들어올 것 같았거든.

"지금의 고구려는 너무 막강하오!"

"우리 백제와 신라가 서로 힘을 합쳐 봅시다!"

혼자서는 고구려를 상대하기 힘들다고 판단한 백제와 신라는 동맹을 맺었어. 하지만 백제는 여전히 불안했나 봐. 중국에 군사들을 빌려 달라고 요청하기도 했어.

고구려의 전성기 백제가 중국에 군사를 요청한 것에 화가 난 장수왕은 직접 백제에 쳐들어갔어. 백제의 개로왕을 죽이고 백제의 수도도 함락시켰지. 장수왕이 백제의 왕을 죽임으로써, 어쩌면 광개토 대왕보다 더 확실한 복수를 했을지 몰라. 백여 년 전, 백제군에 죽은 고국원왕의 복수를 말이야. 이렇듯 장수왕은 아버지 광개토 대왕의 뒤를 이어 고구려의 영토를 더욱더 넓혀 나갔어. 고구려의 전성기는 계속되었지.

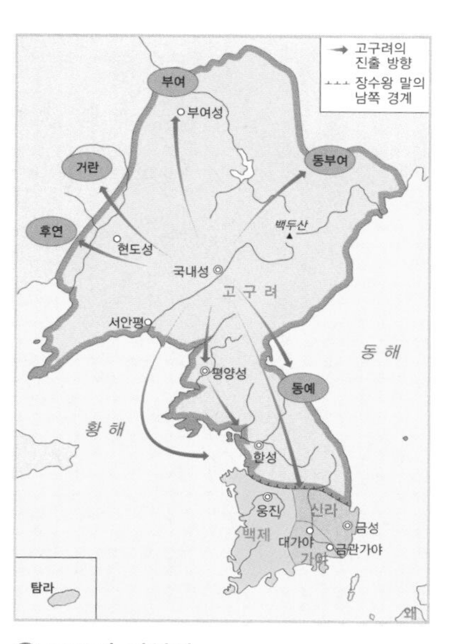

고구려 전성기

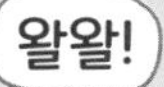

로빈아! 설쌤과 함께 읽어 본 장수왕 이야기 재밌었지?
제대로 읽고 이해했는지 **문제**를 통해 같이 **확인**해 보자!

1 빈칸에 들어갈 알맞은 낱말을 보기에서 골라 쓰세요.

어휘력

보기 동맹 / 요청 / 계획

(1) 날로 강해지는 고구려를 막기 위해 백제와 신라는 ☐☐을 맺었습니다.

(2) 장수왕은 남쪽 지역을 쉽게 공격하려고 수도를 옮기려는 ☐☐을 세웠습니다.

(3) 백제는 군사를 빌려 달라고 중국에 ☐☐했습니다.

2 장수왕이 한 일로 알맞은 것은 O에 표시하고, 알맞지 않은 것은 X에 표시하세요.

내용 이해

(1) 백제와 동맹을 맺었습니다. (O / X)

(2) 고구려의 수도를 평양성으로 옮겼습니다. (O / X)

(3) 광개토 대왕의 뒤를 이어 고구려의 영토를 확장했습니다. (O / X)

3 다음 글을 읽고 장수왕이 도읍을 옮긴 이유로 알맞지 않은 것을 보기에서 골라 기호를 쓰세요.

사고력

장수왕은 도읍을 국내성에서 평양성으로 옮겼어요. 원래 도읍인 국내성은 북쪽에 있어서 남쪽에 있는 백제와 신라를 공격하기 어렵다고 생각했기 때문이지요. 그리고 평양성은 역사·문화·경제적으로도 발전된 지역이었어요. 또한 국내성에 자리를 잡은 귀족들의 세력을 약화시키고, 왕권을 강화시킬 수 있었어요. 이러한 장수왕의 정책을 '남진 정책'이라고 한답니다.

보기
㉠ 귀족들의 세력을 약화시키기 위해서
㉡ 남쪽에 있는 백제와 신라를 공격하기 위해서
㉢ 경제적으로 뒤떨어진 평양성을 발전시키기 위해서

( )

로빈아! 이제 구조도의 빈칸만 채우면
장수왕 이야기는 확실히 알고 넘어가는 거야! 할 수 있지?

4 요약 정리

다음 보기 중 구조도의 빈칸에 들어갈 알맞은 어휘를 고르세요.

보기: 평양 / 동맹 / 장수왕

국내성
↓ □□□이 수도를 옮김.
□□성
vs → 고구려의 전성기가 지속됨.
백제 — □□ — 신라

13 드디어 신라의 전성기를 열다
진흥왕

433년 백제와 신라 동맹
540년 진흥왕 즉위
562년 대가야 멸망

어휘 미리보기

연합
여러 단체들을 합쳐서 하나의 조직을 만듦. 또는 그렇게 만든 조직.

배신
상대방의 믿음이나 의리를 저버림.

보복
남에게 해를 입은 것에 대한 복수로 상대방에게도 그만큼의 해를 입힘.

확장
범위, 규모, 세력 따위를 늘려서 넓힘.

멸망
망하여 없어짐.

방문
사람을 만나거나 무엇을 보기 위해 어떤 장소를 찾아감.

백제와 신라의 백 년 넘게 이어져 오던 동맹은 신라 진흥왕 때
완전히 깨지게 되었어. 이때 과연 무슨 일이 있었던 걸까?

진흥왕의 배신 백제와 신라의 동맹이 평화롭게 이어져 오던 어느 날, 백제 성왕이 신라 진흥왕에게 연합을 요청했어.

"백제와 신라가 연합해서 고구려가 차지한 한강을 빼앗아 옵시다!"

진흥왕은 성왕의 요청을 받아들였어. 결국 백제와 신라는 힘을 합쳐 고구려를 공격했고 한강을 차지했지. 그런데 진흥왕은 욕심이 나기 시작했지 뭐야? 한강 주변의 땅을 전부 다 가지고 싶었던 거야. 고민하던 진흥왕은 동맹을 깨고, 백제를 배신하기로 결심했어.

신라의 전성기 진흥왕은 백제를 공격해서 땅을 빼앗고 한강 유역을 완전히 차지했어.

"이 배신자! 감히 동맹을 깨다니!"

화가 난 백제의 성왕은 보복하기 위해 직접 군사를 이끌고 신라에 쳐들어갔지. 하지만 성왕은 도중에 신라군의 기습 공격을 받아 죽고 말았어.

자신감을 얻은 진흥왕은 신라의 영토 확장에 힘썼지. 위쪽으로는 고구려의 영토를 빼앗고, 아래쪽으로는 대가야를 멸망시켜 영토를 넓혔어. 이렇게 신라는 진흥왕 때 전성기를 맞았지.

진흥왕 순수비 진흥왕은 영토를 차지할 때마다 그곳을 직접 방문하고 순수비를 세웠어. 순수비는 왕이 직접 영토를 살피며 돌아본 곳을 기념하기 위해 세운 비석이야. 자신의 업적을 알리고 영토 확장을 기념하고 싶었던 진흥왕은 총 4개의 순수비를 세웠지.

서울 북한산 진흥왕 순수비

로빈아! 설쌤과 함께 읽어 본 진흥왕 이야기 재밌었지?
제대로 읽고 이해했는지 **문제**를 통해 같이 **확인**해 보자!

1 다음 낱말에 알맞은 뜻풀이를 보기에서 골라 기호를 쓰세요.

어휘력

보기
㉠ 상대방의 믿음이나 의리를 저버림.
㉡ 범위, 규모, 세력 따위를 늘려서 넓힘.
㉢ 사람을 만나거나 무엇을 보기 위해 어떤 장소를 찾아감.

(1) 확장 (　　　)
(2) 방문 (　　　)
(3) 배신 (　　　)

2 이야기의 내용과 일치하지 않는 것은 무엇인가요? (　　　)

내용 이해

① 진흥왕은 총 4개의 순수비를 세웠습니다.
② 신라는 진흥왕 때 가장 넓은 영토를 차지했습니다.
③ 백제의 성왕은 신라와의 동맹을 먼저 깨뜨렸습니다.
④ 진흥왕은 백제를 배신하고 한강 유역을 모두 차지했습니다.
⑤ 진흥왕은 고구려의 영토를 빼앗고, 대가야를 멸망시켰습니다.

3 다음은 이야기를 요약한 것입니다. 빈칸에 들어갈 알맞은 낱말을 쓰세요.

사고력

진흥왕은 백제와의 동맹을 깨고, 한강 유역을 모두 차지했어요. 이후 고구려와 대가야의 영토까지 빼앗았지요. 진흥왕은 영토를 차지할 때마다 그곳에 방문하여 순수비를 세우기도 했어요. 이처럼 신라는 진흥왕 때 □□□을/를 맞이했어요.

(　　　　　)

로빈아! 이제 구조도의 빈칸만 채우면
진흥왕 이야기는 확실히 알고 넘어가는 거야! 할 수 있지?

4 요약 정리

다음 보기 중 구조도의 빈칸에 들어갈 알맞은 어휘를 고르세요.

보기: 성왕 한강 배신 진흥왕

백제 ☐☐ ♥ 신라 ☐☐☐

고구려가 차지한 ☐☐을 빼앗은 뒤 나누어 가짐.

↓

진흥왕이 성왕을 ☐☐하며 신라가 한강을 모두 차지함. → 신라가 전성기를 맞음.

14 가야금으로 망국의 한을 달래다
우륵

540년 진흥왕 즉위
551년 우륵의 신라 망명
562년 대가야 멸망

어휘 미리보기

음률 소리와 음악의 가락.

악사 악기로 음악을 연주하는 사람.

방언 어떤 지역이나 계층의 사람들만 쓰는 독특한 언어.

망명 정치, 사상 등을 이유로 위협 받는 것을 피하기 위해 자기 나라를 떠나 다른 나라로 감.

출신 지역, 학교, 직업 등에 의해 정해지는 사회적 신분이나 이력.

총애 남달리 귀여워하고 사랑함.

어휘 사용하기

평강아!
아까 음악 선생님이 하신 말씀 말이야.
처음 들어 보는 말이었는데…….
방언인가?

아무래도 다른 지역 **출신**이시니까
방언을 쓰시겠지?

역시 그렇구나! 지역마다 쓰는 말이 다르다니, 신기해.
아, 그런데 음악 선생님께서는 평강이 너를 **총애**하시는 것 같아!

나는 수업을 열심히 듣잖아.
참고로 선생님은 수업 시간에 집중하는 학생을 좋아하셔!

가야금은 가야에서 만들었기 때문에 가야금이라 불린단다.
가야금과 떼려야 뗄 수 없는 인물, 우륵의 이야기를 살펴볼까?

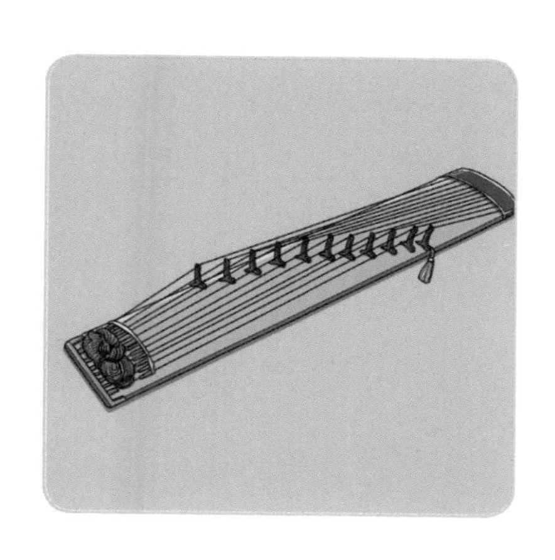

가야금의 발명 어느 날, 대가야의 가실왕은 열두 달의 음률을 표현하기 위해 12줄로 된 새로운 현악기를 만들었어. 그게 바로 가야금이야.

가실왕은 악사 우륵에게 가야금으로 연주할 수 있는 음악을 만들도록 명했지.

"지역별로 백성들의 방언이 모두 다른데, 어떻게 음악은 하나일 수 있겠느냐?"

이 말을 들은 우륵은 12개의 음악을 만들었는데, 이 12개의 음악은 가야의 12개 지방을 뜻한다고 해.

신라에서의 삶 당시 우륵이 살고 있던 대가야는 불안한 상황이었어. 백제와 신라의 동맹이 깨진 후, 두 나라 사이에 위치했던 대가야는 양쪽의 눈치를 봐야 했거든. 우륵은 대가야가 멸망하기 직전에 제자들과 함께 신라로 망명했어. 우륵은 신라에서도 가야금을 연주했지. 우륵의 가야금 연주가 어찌나 아름다운지 진흥왕의 귀에도 들어갈 정도로 유명해졌어.

"오, 정말 아름다운 소리구나!"

우륵의 가야금 소리에 감동 받은 진흥왕은 우륵을 인정할 수밖에 없었어. 우륵이 신라가 아닌 가야 출신인 것도 상관없었지. 진흥왕은 우륵을 총애하며 아주 아꼈어. 이후 우륵은 신라 사람들에게 가야금을 알려 주고 신라를 위한 음악을 만들며 살아갔단다.

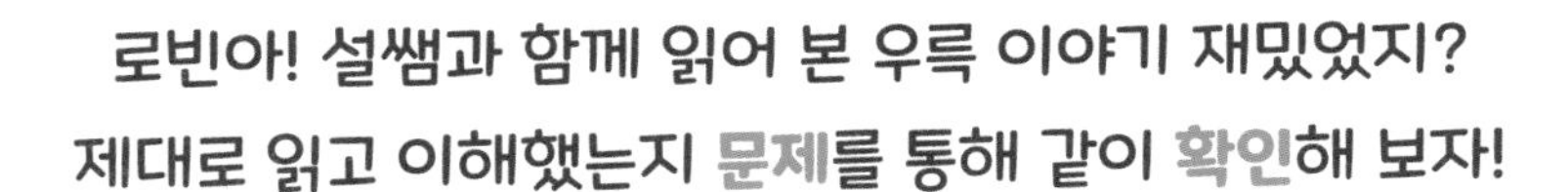

어휘력

다음 뜻에 알맞은 낱말을 선으로 이으세요.

(1) 악사 •   • ㉠ 정치, 사상 등을 이유로 위협 받는 것을 피하기 위해 자기 나라를 떠나 다른 나라로 감.

(2) 망명 •   • ㉡ 악기로 음악을 연주하는 사람.

(3) 방언 •   • ㉢ 어떤 지역이나 계층의 사람들만 쓰는 독특한 언어.

내용 이해

다음 우륵의 말 중에서 알맞지 않은 것을 골라 기호를 쓰세요.

우륵: ㉠ 저는 대가야의 악사였습니다. ㉡ 저는 새로운 악기인 가야금을 만들었지요. ㉢ 어느 날 대가야가 위기에 처하자 저는 신라로 떠났습니다. ㉣ 신라에서도 가야금을 연주하며 살아갔습니다. ㉤ 왕은 제 가야금 연주를 좋아했고, 이후 저는 신라를 위한 음악을 만들었습니다.

(   )

사고력

다음 밑줄 친 내용을 대표하는 가야의 문화 두 가지를 글에서 찾아 쓰세요.

가야는 뛰어난 문화를 보여주었지만 정치적인 발전을 이루지는 못하였어요. 가야 연맹은 백제와 신라의 압박을 받아 왔기 때문이지요. 또한 가야 연맹의 내부에서 분열이 일어나면서 가야는 점차 약해졌어요. 결국 가야는 신라의 공격에 멸망하고, 신라에 흡수되었어요. 이 과정에서 가야의 문화가 신라의 문화에 영향을 끼치기도 했지요. 대표적인 것이 우륵의 가야금이었습니다. 또한 가야의 토기도 신라 토기에 영향을 주었지요.

(,   )

로빈아! 이제 **구조도의 빈칸**만 채우면
우록 이야기는 확실히 알고 넘어가는 거야! 할 수 있지?

4 요약 정리

다음 보기 중 구조도의 빈칸에 들어갈 알맞은 어휘를 고르세요.

보기: 우륵 가야금 망명 총애

대가야		신라
가실왕이 새로운 악기인 □□□을/를 만듦.	→ □□ →	우륵의 뛰어난 □□□ 연주 솜씨를 인정한 진흥왕이 우륵을 □□함.
↓		
□□이/가 12곡을 만듦.		

15 실존했던 고구려의 훌륭한 장수 온달

559년 평원왕 즉위 — 590년 온달 전사 — 598년 수나라 침입

구걸
남에게 돈이나 먹을 것, 물건 등을 대가 없이 달라고 함.

심성
타고난 마음씨.

입버릇
자주 말해서 입에 밴 말버릇.

고집
자기의 생각이나 주장을 굽히지 않고 버팀.

마련
어떤 물건이나 상황을 준비하여 갖춤.

활약
활발히 활동함.

바보라고 불리던 온달이 고구려의 훌륭한 장군이 되었어.
과연 어떻게 된 걸까?

바보 온달과 평강 공주 고구려에 온달이라는 남자가 살고 있었어. 온달은 항상 낡고 지저분한 옷을 입고 길거리를 돌아다니며 밥을 구걸하고 다녔지. 온달은 비록 가난했지만, 심성은 아주 곱고 착했어. 사람들은 이런 온달을 '바보 온달'이라고 불렀어.

이때 고구려의 평원왕에게는 울보로 소문난 딸, 평강 공주가 있었어. 평강 공주는 매일 엉엉 울었지. 아무리 달래도 쉽게 울음을 그치지 않았어. 왕은 공주가 울 때마다 입버릇처럼 말했어.

"계속 울면 나중에 바보 온달에게 시집보낼 것이다!"

진심은 아니었어. 단지 겁을 주기 위해 했던 말이었지.

그런데 어릴 때부터 이 말을 듣고 자란 공주는 결혼할 나이가 되자 정말로 온달과 결혼하겠다며 우기지 뭐야? 왕은 소중한 공주를 바보 온달에게 시집보낼 수 없다며 반대했지만 공주의 고집을 이길 수는 없었지. 결국 평강 공주는 궁궐을 나와 온달과 결혼해 버렸어.

온달 장군 평강 공주는 궁궐에서 나올 때 가져온 보석들을 팔아 돈을 마련했어. 그리고 온달이 공부와 무술을 배울 수 있도록 정성껏 도와주었지.

공주의 노력과 온달의 숨겨진 재능 덕분이었을까? 시간이 흘러 온달은 언제 바보라고 불렸냐는 듯 고구려의 훌륭한 장군이 되었어. 중국이 쳐들어왔을 때도 크게 활약했지.

이후 신라가 고구려의 한강을 빼앗자 온달은 왕에게 군사를 달라고 요청했어.

"한강을 다시 되찾아오겠습니다. 빼앗긴 땅을 찾기 전에는 돌아오지 않겠습니다."

하지만 신라군에 맞서 열심히 싸우던 온달은 화살에 맞아 죽고 말았어. 그런데 이상한 일이 일어났어. 온달의 관을 옮기려 했지만 관이 꿈쩍도 하지 않는 거야. 이 소식을 듣고 달려온 공주가 울면서 관을 어루만지자 그제서야 관이 움직였대. 빼앗긴 땅을 찾기 전에 돌아가지 않겠다는 맹세를 죽어서도 지키려는 마음이지 않았을까?

로빈아! 설쌤과 함께 읽어 본 온달 이야기 재밌었지?
제대로 읽고 이해했는지 **문제**를 통해 같이 **확인**해 보자!

1 뜻풀이에 알맞은 낱말을 보기에서 골라 쓰세요.

어휘력

보기	구걸	심성	고집

(1) 자기의 생각이나 주장을 굽히지 않고 버팀. (　　　　　　)

(2) 타고난 마음씨. (　　　　　　)

(3) 남에게 돈이나 먹을 것, 물건 등을 대가 없이 달라고 함. (　　　　　　)

2 온달 장군에 대한 설명으로 옳은 것은 O에 표시하고, 옳지 않은 것은 X에 표시하세요.

내용 이해

(1) 온달 장군은 '바보 온달'이라고 불렸습니다. (O / X)

(2) 평원왕의 딸 평강 공주와 결혼하였습니다. (O / X)

(3) 신라에게 빼앗긴 한강 유역 땅을 되찾았습니다. (O / X)

3 다음 글에 나타난 온달 장군이 살던 시대적 상황을 알맞게 말한 친구의 이름을 쓰세요.

사고력

평강 공주의 아버지 평원왕의 시대에는 귀족들의 힘이 매우 강했다고 해요. 그래서 평원왕은 왕권을 강화하고 귀족 중 한 세력이 권력을 장악하는 것을 막기 위해 여러 귀족들에게 권력을 나누어 주고 서로 견제하게 했어요. 그래서 새로운 세력인 온달을 자기 편으로 들인 것이지요. 따라서 온달 장군이 평강 공주와 결혼을 하고 높은 자리에 오를 수 있었던 요인 중 하나는 왕권 강화를 위한 것으로 볼 수 있답니다.

나은: 귀족들의 힘이 매우 약했어.

선아: 평원왕은 왕권 강화를 원했어.

수호: 평민과 왕족의 결혼이 쉽게 이루어지던 시대였어.

(　　　　　　)

로빈아! 이제 **구조도의 빈칸**만 채우면
온달 이야기는 확실히 알고 넘어가는 거야! 할 수 있지?

4 요약 정리

다음 보기 중 구조도의 빈칸에 들어갈 알맞은 어휘를 고르세요.

보기	결혼	온달	평원왕

[□□□]

↓

딸이 울 때마다
겁을 주기 위해 □□에게
시집보낸다고 함.

[평강 공주] □□ ♥ [□□]

평강 공주의 노력으로
훌륭한 장군이 됨.

생각 키우기 인물 PLUS

"역사의 소용돌이 속에서 다른 길을 갔던 두 인물"

백제가 한강 유역을 잃고 위기에 빠졌지만, 무령왕과 그의 아들 성왕의 힘으로 다시 일어날 수 있었어. 특히 성왕은 꿈에 그리던 한강 하류를 차지할 수 있었지. 그러나 이 꿈은 얼마 못가 무너졌어. 동맹을 맺었던 신라 진흥왕이 배신을 한 거야. 이에 화가 난 성왕은 신라를 공격하게 되고, 결국 전쟁터에서 목숨을 잃고 말았어.

성왕

즉위	523년
사망	554년
한 줄 요약	백제의 중흥을 이끈 왕
연관 키워드	사비 천도 남부여 나·제 동맹 관산성 전투

성왕 VS 진흥왕

신라 진흥왕은 경쟁자인 백제 성왕을
지켜보며 나라의 힘을 키우고 있었어.
그리고 백제와 동맹을 맺은 척하며 고구려로부터
영토를 빼앗았지. 그러다 성왕이 한강 하류를
차지했다가 잠시 군대를 뒤로 물린 사이
진흥왕은 바로 그 땅을 차지해 버렸어.
이로 인해 백제는 신라를 맹렬히 공격했고,
진흥왕은 이를 성공적으로 막으며
신라 전성기의 시작을 알렸지.

진흥왕

즉위	540년
사망	576년
한 줄 요약	신라의 전성기를 이끈 왕
연관 키워드	진흥왕 순수비 한강 유역 확보 대가야 정복 화랑도 정비

4주

1일

주제

을지문덕

살수 대첩으로 민족적 영웅이 되다

학습 계획 ☐월 ☐일

학습 확인 ☆☆☆

2일

원효

해골물로 깨달음을 얻다

학습 계획 ☐월 ☐일

학습 확인 ☆☆☆

이번 주에 만날 인물 5명의 특징을 제목으로 먼저 살펴보자.

3 일

의상

원효와 함께
신라 불교
전성기를 열다

□ 월 □ 일

☆ ☆ ☆

4 일

선덕 여왕

우리나라
최초의 여왕

□ 월 □ 일

☆ ☆ ☆

5 일

무열왕

삼국 통일의
문을 열다

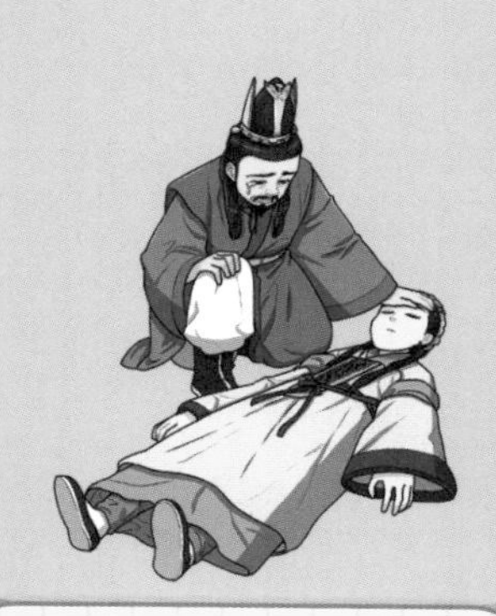

□ 월 □ 일

☆ ☆ ☆

16 살수 대첩으로 민족적 영웅이 되다
을지문덕

581년 수나라 건국 | 612년 살수 대첩 | 645년 안시성 전투

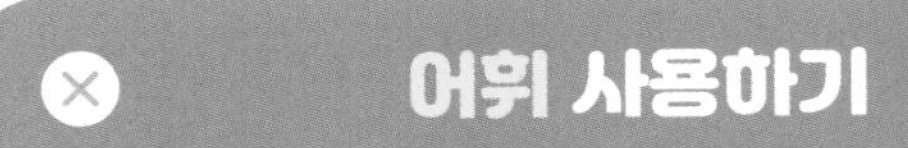

어휘 미리보기

통일
나누어진 것들을 합쳐서 하나가 되게 함.

침략
정당한 이유 없이 남의 나라에 쳐들어감.

전략
전쟁에서 이기기 위한 방법과 계획.

항복
적이나 상대편의 힘에 눌려 자신의 뜻을 굽히고 복종함.

방심
긴장하거나 조심하지 않고 마음을 놓음.

공
일을 마치거나 목적을 이루는 데 들인 노력과 수고.

어휘 사용하기

아잇! 내가 **방심**하지만 않았어도 이기는 게임이었는데!

온달아! 너 어제 게임에서 로빈이네 팀한테 **항복**했다며?

그렇긴 한데……. 내가 **공**을 크게 세웠거든? 근데 방심하고 있을 때 **침략**해 버렸어! 로빈이네 팀이 조금 치사한 것 같아.

상대방이 방심한 틈을 노리는 것도 다 **전략**이지!

맞아. 그건 그렇지….

살수 대첩은 고구려의 완벽한 승리였어.
을지문덕은 어떻게 전쟁에서 이길 수 있었을까?

고구려와 수나라 고구려 밖에서는 변화가 일어나고 있었어. 오랫동안 여러 나라로 나뉘져 있던 중국을 수나라가 하나로 통일했거든. 강력해진 수나라는 고구려를 침략하려 했지. 이를 눈치챈 고구려가 먼저 수나라를 공격했어. 수나라는 고구려를 쉽게 이길 수 없었지. 수나라는 고구려와의 전쟁에서 이기기 위해 완벽하게 준비하기로 다짐했어.

을지문덕의 전략 몇 년 후, 준비를 마친 수나라 황제가 어마어마한 숫자의 군대를 이끌고 고구려에 쳐들어왔어. 수많은 수나라 군대를 본 고구려의 장군 을지문덕은 전략을 세웠어. 항복하는 척해서 적을 방심하게 만들려는 계획이었지! 고구려군은 도망치는 척하며 수나라군이 열심히 그들을 뒤쫓게 했어. 수나라군을 지치게 만든 거야.

을지문덕의 전략은 성공했어. 반복해서 고구려군을 뒤쫓던 수나라군은 아주 많이 지쳤고, 식량도 거의 다 떨어져서 더 이상 싸울 수 없는 상태가 되었거든. 이때 을지문덕이 수나라 장군에게 시를 써서 보냈어.

'전쟁에 이겨서 그 공이 이미 높으니, 만족함을 알고 그만 두기를 바라노라.'

살수 대첩 수나라군이 '살수'라는 강을 건너기 시작할 때, 을지문덕이 이끄는 고구려군이 나타나 수나라군을 공격하기 시작했어. 갑작스러운 공격에 수나라군은 제대로 힘도 못 쓰고 당하고 말았지. 이 전투를 바로 '살수 대첩'이라고 해. 이때 살수에 있던 수나라의 30만 군대 중 살아서 돌아간 사람이 3천 명도 되지 않았지. 이후에도 수나라는 고구려를 여러 차례 공격했지만 모두 실패했어. 계속된 패배로 약해진 수나라는 결국 멸망했지.

로빈아! 설쌤과 함께 읽어 본 을지문덕 이야기 재밌었지?
제대로 읽고 이해했는지 **문제**를 통해 같이 **확인**해 보자!

1 어휘력

낱말에 알맞은 뜻풀이를 에서 골라 기호를 쓰세요.

보기
㉠ 전쟁에서 이기기 위한 방법과 계획.
㉡ 긴장하거나 조심하지 않고 마음을 놓음.
㉢ 나누어진 것들을 합쳐서 하나가 되게 함.

(1) 통일 (　　　)　　(2) 방심 (　　　)　　(3) 전략 (　　　)

2 내용 이해

이야기의 내용과 일치하는 것은 무엇인가요? (　　　)

① 을지문덕은 수나라에 진짜로 항복하였습니다.
② 수나라는 중국을 하나로 통일하지 못했습니다.
③ 살수 대첩 이후 수나라는 점점 힘이 강해졌습니다.
④ 고구려는 살수에서 수나라에게 큰 승리를 거두었습니다.
⑤ 고구려는 살수에서 도망가는 수나라군을 놓아주었습니다.

3 사고력

다음 글에 대한 내용을 바르게 이야기한 친구의 이름을 쓰세요.

'신기한 전략은 하늘의 이치를 다했고, 오묘한 계획은 땅의 이치를 다했노라.
전쟁에 이겨서 그 공이 이미 높으니, 만족함을 알고 그만 두기를 바라노라.'

살수 대첩에서 을지문덕이 수나라 장군 우중문에게 보낸 편지예요. 겉으로는 우중문을 칭찬하는 것처럼 보이지만 사실은 비웃는 내용이지요. 반어적인 표현으로, 고구려의 전략에 수나라군이 속았음을 알려 주고 있어요. 편지를 읽은 우중문은 속았다는 것을 깨달았지요.

수진: 을지문덕은 진심으로 우중문을 칭찬하고 있어.
은석: 우중문은 편지에서 을지문덕이 자신을 존경하고 있음을 느꼈어.
성주: 우중문은 편지를 읽고 수나라군이 고구려의 함정에 빠진 것을 깨달았어.

(　　　　　　)

로빈아! 이제 구조도의 빈칸만 채우면
을지문덕 이야기는 확실히 알고 넘어가는 거야! 할 수 있지?

4 다음 보기 중 구조도의 빈칸에 들어갈 알맞은 어휘를 고르세요.

요약 정리

보기: 중국 살수 을지문덕

수나라		고구려
□□ 전체 통일	고구려 침공 ⟹	□□□□이/가 □□에서 대승을 거둠.

17 해골물로 깨달음을 얻다
원효

어휘 미리보기

승려
절에 살면서 불교의 의식을 치르고 부처의 가르침을 실천하는 사람.

유학
외국에 머물면서 공부함.

충격
슬픈 일이나 뜻밖의 사건 따위로 마음에 받은 심한 자극이나 영향.

해골
살이 전부 썩은 죽은 사람의 머리뼈.

극락
(불교 용어) 악함과 괴로움이 없으며 매우 편안하고 자유로운 세계.

대중화
대중 사이에 널리 퍼져 친숙해짐. 또는 그렇게 되게 함.

647년 첨성대 건립 — 661년 원효 유학 포기 — 686년 원효 사망

어휘 사용하기

온달아. 어제 과학 시간에 **해골**을 관찰했는데 너무 신기한 거 있지?
그래서 다른 나라 사람들의 **해골**은 어떤 모양인지 좀 더 공부해 보고 싶어졌어!

그래? 열심히 공부해서 사람들에게 알려 주려고?

응! **해골**에 대한 정보를 **대중화**해서 사람들이 관심을 가지게 할 거야.
그래서 말인데 나 **유학** 갈까?

갑자기? **유학**이라니! 너무 **충격**적인데?

온달이도 같이 가자!

**원효는 유학을 가던 도중 큰 깨달음을 얻고 유학을 포기했다.
과연 어떤 깨달음을 얻었던 걸까?**

원효의 깨달음 신라의 승려 원효는 불교를 더 깊게 공부하고 싶었어. 그래서 다른 승려인 의상과 함께 당나라에 유학하기로 결심했지. 원효와 의상이 당나라로 향하던 어느 날, 잘 곳이 없던 그들은 어두운 동굴 안에서 하룻밤을 보내게 됐어. 한밤중에 원효가 목이 말라 잠에서 깼는데 어둠 속에서 손을 더듬거리자 물이 담긴 바가지가 잡히는 거야. 원효는 바가지 안에 든 물을 마셨어. 어찌나 시원하고 맛있던지 벌컥벌컥 들이켰지.

다음 날 아침, 원효는 큰 충격에 빠지고 말았어. 어제 원효가 마셨던 물은 바로 해골바가지 안에 들어 있는 썩은 물이었거든. 자신이 마신 물이 해골 물이었다는 사실을 알게 된 원효는 구역질이 나서 모두 토해 버리고 말았어.

원효는 여기서 한 가지 깨달음을 얻게 되었어. 분명 어젯밤에는 맛있게 마셨던 물이 다음 날에는 구역질 나는 물이 될 수도 있다는 것을 말이야.

'모든 것은 나의 마음먹기에 달려 있구나!'

깨달음을 얻은 원효는 결국 당나라 유학을 포기하고 다시 신라로 돌아갔어.

불교의 대중화 신라로 되돌아온 원효는 백성들이 불교를 쉽게 알 수 있도록 가르쳤어. 왜냐하면 그때의 불교는 몇몇의 귀족들 중심으로만 알려져 있었거든.

원효는 불교 책의 어려운 내용을 설명하는 대신 이렇게 말했어.

"'나무아미타불'만 외우면 누구나 극락에 갈 수 있을 것이다."

그리고 불교의 내용을 노래로 만들어서 이곳저곳 부르며 돌아다녔지. 원효의 노력으로 백성들은 불교가 전혀 어려운 것이 아니라 누구든지 받아들이고 함께 할 수 있는 것임을 알게 되었어. 이처럼 원효는 불교가 대중화될 수 있도록 많은 노력을 했지.

로빈아! 설쌤과 함께 읽어 본 원효 이야기 재밌었지?
제대로 읽고 이해했는지 **문제**를 통해 같이 **확인**해 보자!

1 어휘력

뜻풀이에 알맞은 낱말을 보기에서 골라 쓰세요.

보기	유학	충격	대중화

(1) 대중 사이에 널리 퍼져 친숙해짐. 또는 그렇게 되게 함. (　　　　　)

(2) 슬픈 일이나 뜻밖의 사건 따위로 마음에 받은 심한 자극이나 영향. (　　　　　)

(3) 외국에 머물면서 공부함. (　　　　　)

2 내용 이해

원효에 대한 설명으로 옳은 것은 O에 표시하고, 옳지 않은 것은 X에 표시하세요.

(1) 원효는 해골 물을 마시고 깨달음을 얻었습니다. (O / X)

(2) 원효는 불교의 어려운 내용을 모두 이해해야 한다고 했습니다. (O / X)

(3) 원효는 불교의 대중화를 위해 많은 노력을 하였습니다. (O / X)

3 사고력

다음 글에 나타난 원효가 한 일로 알맞지 않은 것을 보기에서 골라 기호를 쓰세요.

원효는 백성들이 불교를 잘 이해할 수 있도록 불경을 쉽게 풀어 써서 책으로 만들었어요. 그리고 모든 사람은 다 부처가 될 수 있다고 말하며 백성들에게 불교를 알렸어요. 백성들도 부처님의 가르침을 잘 알 수 있도록 한 것이지요. 또한 불교의 여러 경전을 공부하여 이를 하나의 원리로 통합했어요. 여러 종파로 나뉜 불교를 화합하는 데 많은 노력을 했지요. 원효는 절에서 도를 닦으며 불교의 뜻을 담은 다양한 책을 지어 여러 사람들에게 불교를 알리기도 했답니다.

보기
㉠ 도를 닦으며 많은 책을 씀.
㉡ 여러 불교 종파를 하나로 화합시킴.
㉢ 귀족들에게 불교의 어려운 진리를 공부시킴.

(　　　　　)

로빈아! 이제 구조도의 빈칸만 채우면
원효 이야기는 확실히 알고 넘어가는 거야! 할 수 있지?

4 요약 정리

다음 보기 중 구조도의 빈칸에 들어갈 알맞은 어휘를 고르세요.

보기: 의상 원효 해골 대중화

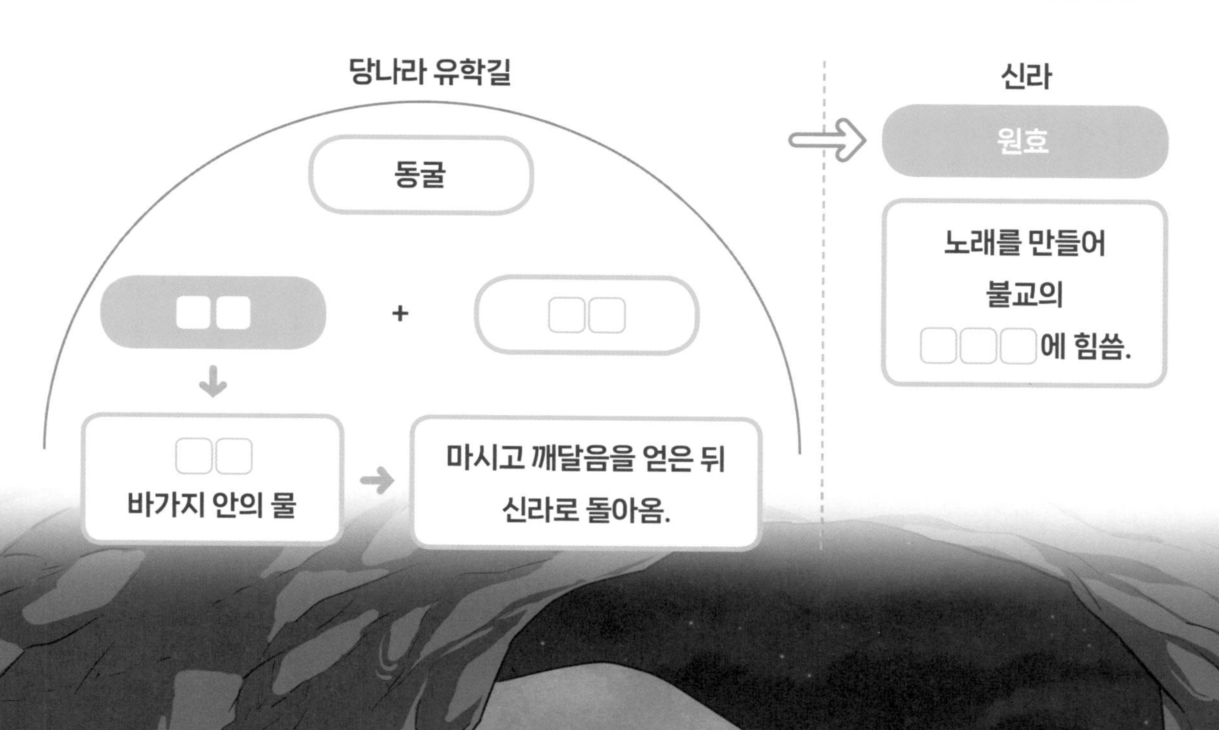

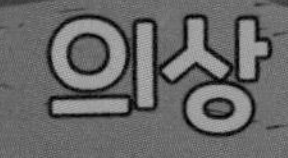

18 원효와 함께 신라 불교 전성기를 열다
의상

661년 의상 당나라 유학 / 670년 의상 화엄종 창시 / 702년 의상 사망

어휘 미리보기

예상
앞으로 있을 일이나 상황을 짐작함.

사상
어떠한 사물에 대하여 가지고 있는 구체적인 사고나 생각.

조화
서로 잘 어울림.

강조
어떤 부분을 특별히 강하게 주장하거나 두드러지게 함.

창시
어떤 사상이나 학설 따위를 처음으로 시작하거나 내세움.

공중
하늘과 땅 사이의 빈 곳.

어휘 사용하기

이런! 내일 학교에서 시험보는데 공부를 하나도 못했네……. 평강아, 혹시 시험 **예상** 문제나 선생님이 **강조**한 내용을 알려 줄 수 있어?

동학 **사상**에 대한 내용을 다룬 단원에서 시험 문제를 많이 낼 거라고 하셨어.

오? 정말? 나 그건 알아! 동학을 **창시**한 음…….

아! 최제우!

응, 맞아. 아직 시간이 있으니 나랑 지금부터 열심히 공부해 보자!

의상은 당나라로 유학 가서 열심히 공부를 했다고 해.
무엇을 배우고 신라로 돌아왔던 걸까?

당나라 유학 당나라 유학길에 함께 올랐던 원효가 신라로 되돌아가고, 의상은 혼자서 당나라로 유학을 떠났어. 그런데 이때, 당나라에서 유명한 지엄 스님이 꿈을 꿨어. 신라에 있는 나무 한 그루가 크게 자라서 중국을 덮어 버린 꿈이었지. 꿈을 꾼 지엄 스님은 신라에서 귀한 손님이 올 거라고 예상했어. 그 손님은 바로 의상이었지. 의상은 지엄 스님의 제자가 되어 당나라에서 공부를 했어.

화엄 사상 의상은 지엄 스님에게 화엄 사상에 대해 배웠어. 화엄 사상은 '모든 존재는 서로 조화를 이루고 있다.'라는 내용으로, 조화를 강조하는 사상이지. 유학을 마치고 신라로 돌아온 의상은 화엄 사상을 널리 알리기 위해 노력했어. 신라 곳곳에 절을 세우고 화엄 사상을 바탕으로 한 화엄종을 창시했단다.

부석사 무량수전

부석사와 선묘 의상은 부석사를 비롯해서 여러 절을 세우고 많은 제자들을 가르쳤어.

부석사에는 '선묘'라는 여인과 관련된 이야기가 있어. 의상이 당나라에 있을 때, 선묘가 의상을 아주 많이 좋아했어. 의상이 신라로 돌아가자 선묘는 너무 슬픈 나머지 바다에 몸을 던졌지. 죽은 선묘는 용이 되어서 의상의 곁을 지켰다고 해. 특히 의상이 부석사를 지을 때 주변에 방해하는 사람들이 있었는데, 그 사람들 앞으로 큰 바위가 공중에 떠오르기도 했거든. 사람들은 그게 바로 의상이 부석사를 지을 수 있도록 돕는 선묘의 힘이라고 했지.

로빈아! 설쌤과 함께 읽어 본 의상 이야기 재밌었지?
제대로 읽고 이해했는지 문제를 통해 같이 확인해 보자!

1 빈칸에 들어갈 알맞은 낱말을 보기에서 골라 쓰세요.

어휘력

보기	조화	창시	예상

(1) 신라로 돌아온 의상은 절을 세우고 화엄종을 ☐☐했습니다.

(2) 화엄 사상은 모든 존재는 서로 ☐☐을/를 이룬다는 내용입니다.

(3) 꿈을 꾼 지엄 스님은 신라에서 귀한 손님이 올 것을 ☐☐했습니다.

2 다음 의상의 말 중에서 알맞지 않은 것을 골라 기호를 쓰세요.

내용 이해

의상: ㉠ 저는 지엄 스님의 제자가 되어 불교를 공부했습니다. ㉡ 지엄 스님은 '화엄 사상'에 대해 알려 주셨습니다. ㉢ 화엄 사상은 모든 존재 중 자신이 가장 중요하다는 내용입니다. ㉣ 저는 유학 후 신라로 돌아가 화엄종을 창시했습니다.

(　　　　　　　)

3 다음 글을 읽고 인물과 그가 한 일이 알맞게 짝 지어진 것을 고르세요. (　　　)

사고력

함께 당나라 유학을 떠났던 원효와 의상은 서로 다른 길을 걸었어요. 원효는 유학길에 해골 물을 마시고 깨달음을 얻어 신라로 돌아왔지요. 불교의 진리를 쉽게 풀어 쓰며 불교의 대중화를 위해 노력했어요. 의상은 당나라에서 불교를 배우고 돌아왔어요. 우주의 모든 존재는 서로 조화를 이룬다는 화엄 사상을 배워 화엄종을 창시하였지요. 낙산사, 부석사 등 절을 세우고 적극적으로 화엄 사상을 전파했어요.

① 의상 – 화엄 사상 전파
② 원효 – 화엄종 창시
③ 원효 – 낙산사, 부석사 건립
④ 의상 – 불교의 대중화
⑤ 원효 – 화엄 사상 전파

로빈아! 이제 **구조도의 빈칸**만 채우면
의상 이야기는 확실히 알고 넘어가는 거야! 할 수 있지?

4 요약 정리

다음 보기 중 구조도의 빈칸에 들어갈 알맞은 어휘를 고르세요.

보기 화엄 선묘 화엄종 부석사

19 우리나라 최초의 여왕 선덕 여왕

562년 신라 대가야 정복
632년 선덕 여왕 즉위
645년 황룡사 9층 목탑 완성

어휘 미리보기

신분
개인이 사회에서 가지는 역할이나 지위.

성골
신라 때에 둔, 골품의 첫째 등급.

감탄
마음속 깊이 크게 느낌.

무시
다른 사람을 얕보거나 하찮게 여김.

의도
무엇을 하고자 하는 생각이나 계획. 또는 무엇을 하려고 꾀함.

천문대
천체를 관측할 수 있는 장치를 갖춘 시설이나 기관.

어휘 사용하기

평강아! 나 어제 **천문대**로 가족 여행 가서 별을 봤는데 **감탄**했잖아! 너는 **천문대** 가 본 적 없지?

나도 가본 적 있어! 천체를 관측하려는 주된 **의도**나 관측 목적에 따라 **천문대**의 분류도 다양하더라.

오~ 평강이 너 미리 공부 좀 했구나!

훗! **무시**할 수 없는 실력이지.

나도 빨리 공부하러 가야겠다!

신라에서 우리나라 최초의 여왕이 등장했어.
바로 선덕 여왕이야! 선덕 여왕은 지혜롭기로 유명했다고 해.

우리나라 최초의 여왕 신분 제도가 엄격했던 신라에서는 가장 높은 신분인 성골 출신들만 왕이 될 수 있었어. 그런데 진평왕이 아들 없이 죽자 왕이 될 사람이 없었어. 성골들 중에 남자가 없었기 때문이지. 결국 성골들 중 여자인 진평왕의 딸, 덕만 공주가 왕위에 오르게 되었지. 이전까지 여자가 왕이 되는 경우는 없었기 때문에 덕만 공주는 우리나라 최초의 여왕이 되었어. 그가 바로 선덕 여왕이야!

모란꽃 그림 선덕 여왕이 신라를 다스리던 어느 날, 당나라의 황제가 선덕 여왕에게 선물을 보냈어. 모란꽃이 그려져 있는 그림과 모란꽃 씨앗이었지. 다들 그림이 예쁘다며 감탄하고 있었어. 그때 선덕 여왕이 이렇게 말했어.

"꽃에는 향기가 없을 것이다."

신하들이 그 이유를 묻자 선덕 여왕은 대답했지.

"꽃 그림에 나비가 없는 것을 보아 하니, 꽃에 향기가 없다는 뜻이지. 이건 당나라의 황제가 결혼하지 않은 나를 무시하는 것이다."

씨앗을 심어 보니 정말로 꽃에서는 아무 향기도 나지 않았다고 해. 선덕 여왕이 당나라 황제의 숨은 의도를 알아챈 거야. 그만큼 선덕 여왕은 지혜롭고 현명했어.

문화의 발전 선덕 여왕은 신라의 문화를 한층 더 발전시켰어. 황룡사 9층 목탑과 첨성대 등을 세웠지. 황룡사 9층 목탑은 안타깝게도 고려 시대에 몽골의 침입으로 불에 타 없어졌어. 무려 아파트 25층 높이였다고 하는데, 아주 어마어마하지 않았을까?

첨성대

경주에 있는 첨성대는 하늘의 움직임을 관찰하기 위해 만든 천문대야. 첨성대를 통해 날씨까지 미리 알 수 있어서 백성들의 농사에 도움이 되었다고 해. 그 옛날에도 이런 게 가능했다니, 정말 대단하지 않니?

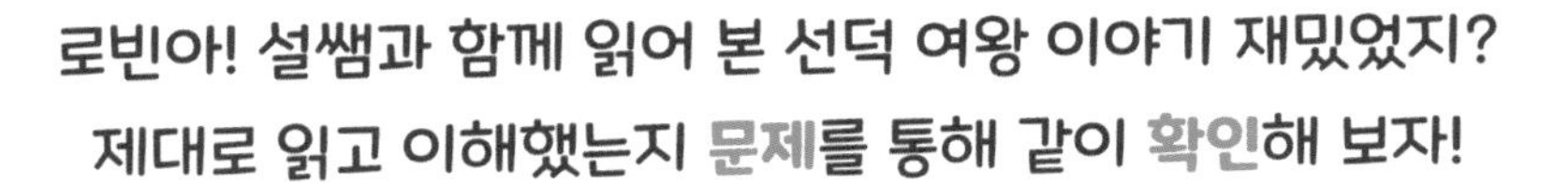

어휘력

다음 낱말과 뜻을 알맞게 선으로 이으세요.

(1) 신분 •　　　　• ㉠ 무엇을 하고자 하는 생각이나 계획. 또는 무엇을 하려고 꾀함.

(2) 의도 •　　　　• ㉡ 개인이 사회에서 가지는 역할이나 지위.

(3) 감탄 •　　　　• ㉢ 마음속 깊이 크게 느낌.

2
내용 이해

이야기와 일치하는 내용은 O에 표시하고, 일치하지 않는 내용은 X에 표시하세요.

(1) 선덕 여왕은 우리나라 최초의 여왕입니다. (O / X)

(2) 선덕 여왕은 당나라에서 보낸 모란꽃 그림을 보고 감탄했습니다. (O / X)

(3) 선덕 여왕은 황룡사 9층 목탑과 첨성대를 세웠습니다. (O / X)

사고력

다음 글의 내용과 일치하지 않는 것은 무엇인가요? (　　　　)

> 선덕 여왕이 신라를 다스릴 때, 여자가 왕이 된 것을 못마땅하게 생각하는 사람들이 있었어요. 선덕 여왕은 자신이 하늘의 뜻에 따르고 있다는 것을 알리기 위해 첨성대를 만들었어요. 첨성대에서는 별자리를 볼 수 있고 날씨를 미리 알 수 있어서 백성들의 농사에 도움이 되었지요. 선덕 여왕 때 황룡사 9층 목탑도 세웠는데 여기에 얽힌 이야기가 있지요. 신라의 승려인 자장의 꿈에 한 노인이 나타나 "9층 탑을 세우면 다른 나라의 침입을 막을 수 있다."라고 말했어요. 자장의 꿈 이야기를 들은 선덕 여왕은 황룡사 9층 목탑을 만들라고 했지요.

① 첨성대는 백성들의 농사에 큰 도움이 되었습니다.
② 선덕 여왕 때는 첨성대와 황룡사 9층 목탑이 세워졌습니다.
③ 선덕 여왕이 왕이 된 것을 못마땅하게 여긴 사람들이 있었습니다.
④ 선덕 여왕은 9층 탑을 세워야 한다는 자장의 말을 듣지 않았습니다.
⑤ 선덕 여왕은 자신이 하늘의 뜻에 따르고 있다는 것을 알리기 위해 첨성대를 지었습니다.

로빈아! 이제 **구조도의 빈칸**만 채우면
선덕 여왕 이야기는 확실히 알고 넘어가는 거야! 할 수 있지?

요약 정리

4 다음 보기 중 구조도의 빈칸에 들어갈 알맞은 어휘를 고르세요.

보기 첨성대 모란꽃 선덕 여왕

우리나라 최초의 여왕

□□□□

지혜	문화 발전
당나라 황제가 보낸 □□□ 그림과 씨앗을 보고 숨은 의도를 알아차림.	• 황룡사 9층 목탑 건립: 고려 시대에 몽골의 침입으로 불탐. • □□□ 설치: 하늘의 움직임 관찰 목적

20 삼국 통일의 문을 열다
무열왕

설쌤 강의 보기

647년 비담의 반란 진압

654년 무열왕 즉위

660년 백제 멸망

어휘 미리보기

진골
신라 때에 둔, 골품의 둘째 등급.

지지
어떤 사람이나 단체 등이 내세우는 주의나 의견 등에 찬성하고 따름.

제안
안이나 의견으로 내놓음. 또는 그 안이나 의견.

한반도
아시아 대륙의 동북쪽 끝에 있는 반도(우리나라 국토의 대부분).

연합
여러 단체들을 합쳐서 하나의 조직을 만듦. 또는 그렇게 만든 조직.

기반
기초가 되는 바탕. 또는 사물의 토대.

어휘 사용하기

평강아! 학교 숙제했어?

우리나라가 통일이 된다면 어떤 점이 좋을지 아무리 생각해 봐도 잘 떠오르지 않아.

음, 혹시 온달이는 통일을 **지지**하는 입장이야? 반대하는 입장이야?

당연히 지지하는 입장이지!
통일이 되면 남북이 **연합**해서 더 발전할 수 있지 않을까?
한반도 전체가 우리 영토가 된다면 대박일 듯!

그래! 방금 말한 내용을 **기반**으로 글을 써 봐. 그게 숙제잖아!

신라의 무열왕이 백제를 멸망시켰어. 딸과 사위의 복수를 위해서였다고 하는데, 어떤 사연이 있었던 걸까?

진골 출신 왕 선덕 여왕과 그 뒤를 이은 진덕 여왕 모두 자식 없이 죽었어. 이제 더 이상 신라에 성골이 존재하지 않게 되었지. 그래서 최초로 성골이 아닌 진골 출신 왕이 등장하게 되었어. 바로 무열왕, 김춘추야.

김춘추는 진골이었기 때문에 더 큰 힘을 갖기 위해 다른 세력과 손을 잡아야 한다는 걸 알고 있었어. 그래서 멸망한 가야의 왕족 출신인 김유신과 가깝게 지냈지. 김유신은 능력이 출중했지만, 가야계라는 신분의 제한이 발목을 잡고 있었거든. 훗날 김춘추는 김유신의 지지를 받아 왕위에 오르게 돼.

김춘추의 복수 김춘추는 왕위에 오르기 전, 아주 큰 아픔을 겪었어. 백제와 신라의 동맹이 깨진 후 백제 의자왕이 신라를 거세게 공격했거든. 이때 백제는 신라의 성을 40여 개나 빼앗고, 김춘추의 딸과 사위를 죽였어. 딸과 사위의 죽음으로 엄청난 충격을 받은 김춘추는 사람들의 얼굴도 못 알아볼 정도였다고 해. 이후 정신을 차린 김춘추는 백제에 반드시 복수하겠다고 마음먹었어.

삼국 통일의 기반 김춘추는 고구려를 찾아가 백제를 같이 공격하자고 제안했어. 하지만 거절당한 것도 모자라 고구려의 감옥에 갇히고 말았지.

가까스로 감옥에서 나오게 된 김춘추는 백제와 고구려 두 나라에 화가 날 수밖에 없었어. 그래서 바다 건너 중국의 당나라로 찾아갔지. 김춘추는 당나라에 같이 손잡고 백제와 고구려를 공격하자고 말했어. 한반도를 모두 차지하고 싶었던 당나라는 신라의 동맹 제안을 흔쾌히 받아들였지.

김춘추가 왕위에 오르고 신라와 당나라 연합 군대는 백제를 강하게 공격했어. 백제는 열심히 맞서 싸웠지만 결국 멸망하고 말았지. 이로써 김춘추는 복수에 성공하고, 신라가 삼국을 통일할 수 있는 기반을 닦게 되었어.

로빈아! 설쌤과 함께 읽어 본 무열왕 이야기 재밌었지?
제대로 읽고 이해했는지 문제를 통해 같이 확인해 보자!

1 어휘력

제시된 낱말에 알맞은 뜻풀이를 보기 에서 골라 기호를 쓰세요.

㉠ 여러 단체들을 합쳐서 하나의 조직을 만듦. 또는 그렇게 만든 조직.
㉡ 어떤 사람이나 단체 등이 내세우는 주의나 의견 등에 찬성하고 따름.
㉢ 안이나 의견으로 내놓음. 또는 그 안이나 의견.

(1) 지지 (　　　)
(2) 연합 (　　　)
(3) 제안 (　　　)

2 내용 이해

김춘추에 대한 내용으로 알맞지 않은 것을 모두 고르세요. (　　　,　　　)

① 김춘추는 멸망한 가야의 왕족이었습니다.
② 김춘추는 백제에 대한 복수를 성공했습니다.
③ 김춘추는 김유신의 지지를 받아 왕위에 올랐습니다.
④ 김춘추는 당나라에 동맹을 제안했지만 거절당했습니다.
⑤ 김춘추는 자신과 같은 처지인 김유신과 친하게 지냈습니다.

3 사고력

다음은 이야기를 요약한 것입니다. 이야기의 내용과 일치하지 않는 것은 무엇인가요?

㉠ 김춘추는 성골 출신 왕이에요. ㉡ 김춘추는 왕위에 오르기 전, 의자왕의 공격으로 사위와 딸을 잃었고 반드시 복수하겠다고 마음먹었지요. ㉢ 김춘추는 고구려에 동맹을 제안했지만 거절당하고 감옥에 갇혔어요. 화가 난 김춘추는 당나라에 찾아가 동맹을 제안했고, 당나라는 동맹을 받아들였어요. 이후 왕이 된 김춘추는 당나라와 연합하여 백제를 공격했지요. ㉣ 백제는 멸망했고, 김춘추는 복수에 성공하여 이후 삼국을 통일할 수 있는 기반을 닦았답니다.

(　　　　　)

로빈아! 이제 구조도의 빈칸만 채우면
무열왕 이야기는 확실히 알고 넘어가는 거야! 할 수 있지?

4 요약 정리

다음 보기 중 구조도의 빈칸에 들어갈 알맞은 어휘를 고르세요.

보기: 사위 동맹 백제 김춘추

왕이 되기 전

□□□

→

백제의 공격으로 □□과/와 딸을 잃음.

↓

고구려에 도움을 요청하러 갔다가 거절당하고 감옥에 갇힘.

↓

탈출 후 당나라로 건너가 □□ 체결

왕이 된 후

무열왕

당나라와 연합하여 □□을/를 멸망시킴.

당 태종

김춘추

고구려

신라

백제

생각 키우기 인물 PLUS

고대의 불교 발전에 큰 업적을 남긴 두 인물

원효

출생	617년
사망	686년
한 줄 요약	불교의 대중화에 앞장선 승려
연관 키워드	해골 물 요석 공주와 혼인 아들 설총 6두품 출신

원효와 의상

의상

출생	625년
사망	702년
한 줄 요약	조화를 위해 앞장선 승려
연관 키워드	당나라 유학 화엄 사상 진골 출신 부석사 건립

5주

1일

주제

문무왕

삼국 통일의 대업을 완성하다

학습 계획 ☐월 ☐일

학습 확인 ☆ ☆ ☆

2일

김유신

삼국 통일의 주역이 되다

학습 계획 ☐월 ☐일

학습 확인

이번 주에 만날 인물 5명의 특징을 제목으로 먼저 살펴보자.

3일

연개소문

고구려의 마지막 자존심

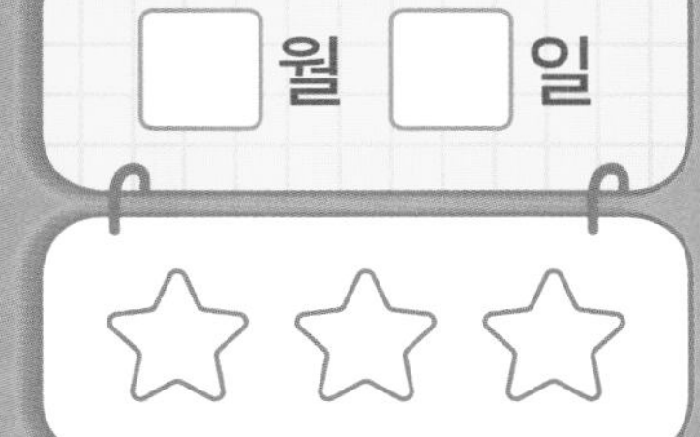

월 일

4일

계백

5천 결사대로 5만 대군에 맞서다

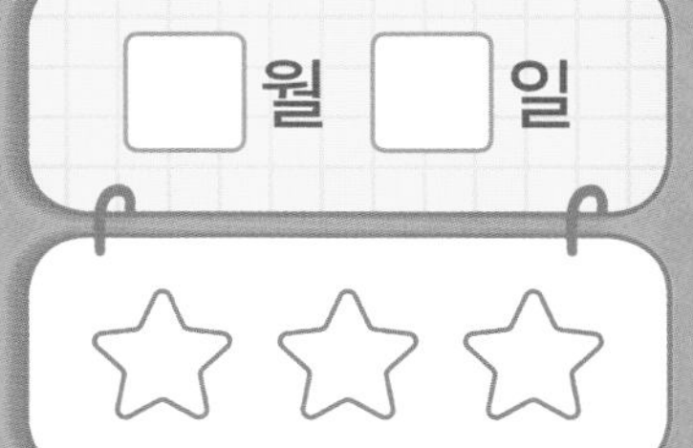

월 일

5일

의자왕

백제의 마지막 왕

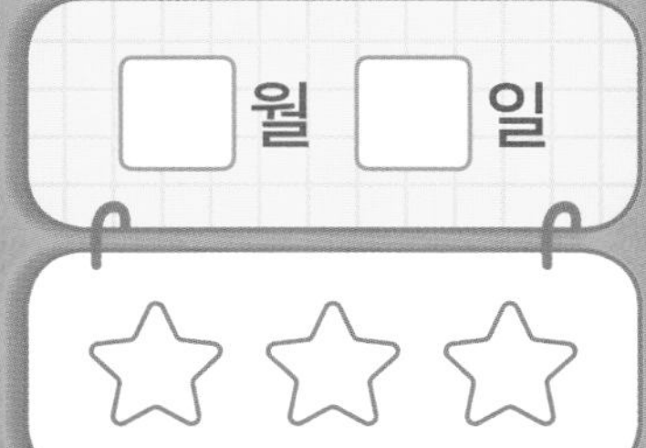

월 일

21 삼국 통일의 대업을 완성하다 문무왕

661년 문무왕 즉위 — 676년 신라의 삼국 통일 — 681년 문무왕 사망

어휘 미리보기

즉위
임금이 될 사람이 임금의 자리에 오름.

한계
사물이나 능력, 책임 따위가 실제 작용할 수 있는 범위.

분열
집단이나 단체, 사상 따위가 갈라져 나뉨.

최강
가장 강함. 또는 그런 것.

지배
어떤 사람이나 집단을 자신의 뜻대로 복종하게 하여 다스리거나 차지함.

유언
죽음에 이르러 말을 남김. 또는 그 말.

문무왕 때 드디어 신라가 삼국 통일을 이뤘다고 해.
문무왕은 어떻게 삼국 통일을 완성할 수 있었을까?

고구려 멸망 백제 멸망 후 1년 뒤, 신라의 무열왕이 세상을 떠났어. 아버지인 무열왕의 뒤를 이어 즉위한 문무왕은 이제 고구려를 무너뜨려야 했지. 하지만 고구려는 여전히 강했어. 중국의 연이은 공격에도 꿋꿋하게 버티며 엄청난 승리를 거두고 있었거든.

그렇게 강한 고구려에도 마침내 한계가 왔어. 권력 다툼이 일어나면서 고구려 내부가 분열되었기 때문이야. 고구려가 약해진 틈을 타 신라와 당나라 연합 군대는 고구려를 공격했어. 한때 동아시아의 최강국이었던 고구려는 나라 안의 혼란으로 내부 세력이 흩어졌고, 결국 신라와 당나라의 공격에 허무하게 무너지면서 멸망하고 말았어.

삼국 통일 백제와 고구려가 멸망하면서 이제 모든 게 다 끝났을 것 같지 않니? 하지만 문무왕의 기쁨은 잠시였어. 어제의 동료가 오늘의 적으로 변했거든. 신라와 손을 잡았던 당나라가 한반도를 집어삼킬 욕심으로 신라마저 지배하려 했어.

신라는 한반도에서 당나라 군대를 몰아내기 위해 또 다시 전쟁을 치르게 돼(나당 전쟁). 신라는 매소성 전투와 기벌포 전투에 승리하며 치열한 전투 끝에 당나라를 완전히 물리쳤어. 드디어 문무왕은 고구려, 백제, 신라의 삼국 통일을 이루었지!

문무왕의 유언 삼국 통일을 이룬 문무왕은 죽기 전에 유언을 남겼어. 마지막 유언에도 신라를 사랑하는 마음이 담겨 있었지.

"내가 죽거든 나를 동해 바다에 묻어라. 나는 죽어서도 바다의 용이 되어 신라를 지킬 것이다."

일본이 바다로 쳐들어오는 것을 걱정했던 문무왕은 죽어서도 신라를 지키고 싶었던 거야. 이후 문무왕이 죽자 유언대로 바다에 장례를 치렀다고 해.

로빈아! 설쌤과 함께 읽어 본 문무왕 이야기 재밌었지?
제대로 읽고 이해했는지 문제를 통해 같이 확인해 보자!

1 어휘력

빈칸에 들어갈 알맞은 낱말을 보기 에서 골라 쓰세요.

보기	즉위	유언	분열

(1) 신라 무열왕이 세상을 떠나자, 문무왕이 뒤를 이어 ☐☐했습니다.

(2) 고구려는 권력 다툼으로 인해 내부 ☐☐이/가 일어났습니다.

(3) 문무왕은 죽기 전 신라에 대한 사랑이 담긴 ☐☐을/를 남겼습니다.

2 내용 이해

다음을 이야기의 일이 일어난 순서대로 기호를 쓰세요.

㉠ 당나라는 한반도를 차지할 욕심을 가졌고, 나·당 전쟁이 일어났습니다.
㉡ 신라와 당나라 연합군은 고구려를 공격하여 고구려를 멸망시켰습니다.
㉢ 백제가 멸망한 후, 신라 무열왕이 죽고 뒤를 이어 문무왕이 즉위했습니다.
㉣ 신라는 매소성 전투, 기벌포 전투에서 승리하여 삼국 통일을 이루어 냈습니다.

( ) – ( ) – ( ) – ( )

3 사고력

다음은 이야기의 내용을 요약한 것입니다. 빈칸에 들어갈 알맞은 나라의 이름을 쓰세요.

문무왕은 당나라와 손잡고 (1) ( )을/를 무너뜨렸어요. 하지만 당나라는 한반도를 다 차지할 욕심을 가졌고, (2) ( )와 전쟁을 벌였어요. 치열한 전투 끝에 신라는 매소성 전투, 기벌포 전투에서 승리를 거두었지요. 마침내 문무왕은 삼국 통일을 이루게 되었어요. (3) ( )이/가 바다로 쳐들어오는 것을 걱정했던 문무왕은 죽기 전에 자신을 동해 바다에 묻어 달라는 유언을 남겼답니다.

(1) ( ), (2) ( ), (3) ( )

로빈아! 이제 구조도의 빈칸만 채우면
문무왕 이야기는 확실히 알고 넘어가는 거야! 할 수 있지?

4 요약 정리

다음 보기 중 구조도의 빈칸에 들어갈 알맞은 어휘를 고르세요.

보기	고구려	문무왕	나당 전쟁

- 무열왕 → □□□
- 무열왕 ↓ 백제 멸망
- □□□ ↓ □□□ 멸망 → □□□□ → 삼국 통일
  - • 매소성 전투
  - • 기벌포 전투

22 삼국 통일의 주역이 되다 김유신

595년 김유신 탄생 — 668년 고구려 멸망 — 673년 김유신 사망

어휘 미리보기

환영
오는 사람을 기쁜 마음으로 반갑게 맞음.

소외
어떤 무리에서 멀리하거나 따돌림.

꾀
일을 꾸미거나 해결하기 위한 교묘한 생각이나 방법.

계기
어떤 일이 일어나거나 변화하도록 만드는 결정적인 원인이나 기회.

인연
사람들 사이에 맺어지는 관계.

기여
도움이 되도록 이바지함.

어휘 사용하기

어제 학교에서 전학 온 친구들을 다 같이 **환영**해 줬어!

진짜? 누가 전학을 왔어? 새로운 **인연**이 생겼구나!

응! 외국에서 전학 온 친구들이 두 명이나 있었어. 친구들 말을 들어 보니 우리나라와 문화가 달라서 이전 학교에서 **소외**감을 많이 느꼈대.

정말? 온달이가 외국에서 온 친구들이 잘 적응할 수 있도록 많은 **기여** 부탁해!
온달이의 도움은 친구들이 즐거운 학교생활을 할 수 있는 **계기**가 될 거야.

김유신은 신라의 삼국 통일에 아주 큰 역할을 했던 인물이야.
김유신이 삼국 통일의 주인공이라고 할 수 있지!

멸망한 나라의 왕족 김유신은 멸망한 금관가야의 왕족 출신이었어. 금관가야가 신라에 의해 멸망한 뒤, 김유신은 신라에서 장군이 되어 활약을 펼쳤어. 하지만 김유신은 신라 귀족들에게 그다지 환영받지 못했어. 가야 출신이라는 점 때문에 신라 귀족들과 완전히 어울리기 힘들었지. 김유신은 귀족 사회에서 소외당하게 되었어. 그러던 중 김유신은 신라의 왕족이지만 자신과 비슷한 처지인 김춘추와 가까워지게 됐어.

김춘추와의 인연 어느 날 김유신은 절친한 김춘추와 자신의 여동생을 이어 주기 위해 한 가지 꾀를 떠올렸어. 김유신은 김춘추의 옷을 실수인 척 뜯어 버리고 김춘추를 자신의 집으로 데려갔어. 그리고 여동생에게 김춘추의 옷을 꿰매 달라고 부탁했지. 이 일을 계기로 김춘추와 김유신의 여동생이 만나게 되고 결혼까지 했어. 김유신과 김춘추 두 사람은 가족의 인연까지 맺게 되었지.

훗날 김유신은 김춘추가 왕위에 오를 수 있도록 옆에서 가장 많이 도왔어. 전쟁에서 활약하며 강한 군사력을 얻게 된 김유신은 김춘추를 적극적으로 지지했지. 결국 김춘추는 왕이 되었고(무열왕), 김유신은 이후 신라의 최고 관직까지 오르게 되었어.

삼국 통일의 영웅 김유신은 신라의 삼국 통일에 크게 기여했어. 신라의 장군으로 전쟁에 직접 참여하며 수십 번의 전투에서 이겼지. 백제와 고구려를 멸망시키는 데 앞장섰던 김유신은 어린 소년에서부터 늙은 노인이 될 때까지 삼국 통일의 과정을 모두 지켜보았어. 만약 김유신이 없었더라면, 신라는 삼국 통일을 이루지 못했을지도 몰라.

경주 김유신묘

로빈아! 설쌤과 함께 읽어 본 김유신 이야기 재밌었지?
제대로 읽고 이해했는지 **문제**를 통해 같이 **확인**해 보자!

1 어휘력

다음 낱말에 알맞은 뜻풀이를 보기 에서 골라 기호를 쓰세요.

보기
㉠ 도움이 되도록 이바지함.
㉡ 사람들 사이에 맺어지는 관계.
㉢ 오는 사람을 기쁜 마음으로 반갑게 맞음.

(1) 환영 (　　　)　　(2) 기여 (　　　)　　(3) 인연 (　　　)

2 내용 이해

이야기의 내용과 일치하는 것은 O에 표시하고, 일치하지 않는 것은 X에 표시하세요.

(1) 김유신과 김춘추는 둘 다 금관가야 출신이었습니다. (O / X)

(2) 김춘추는 왕이 되었고, 김유신은 신라 최고 관직에 올랐습니다. (O / X)

(3) 김유신은 백제와 고구려를 멸망시키는 데 앞장섰습니다. (O / X)

3 사고력

다음 글의 밑줄 친 행동에서 짐작할 수 있는 것을 알맞게 말한 친구의 이름을 쓰시오.

김유신은 젊은 시절 한때 노는 것에 빠져 매일 기생을 찾아갔고 기생과 사랑에 빠졌지요. 이를 알게 된 김유신의 어머니는 김유신을 나무랐어요. 김유신은 반성하고 다시는 기생을 찾아가지 않겠다고 다짐했지요. 며칠 후 김유신은 말을 타고 돌아오는 길에 깜빡 졸고 말았어요. 눈을 떠 보니 기생의 집 앞이었지요. 기생에게 자주 찾아갔던 탓에 말이 자연스럽게 그 길로 향한 것이었어요. 기생은 김유신을 반가워했지만, 김유신은 기생에게 눈길도 주지 않고 칼로 말의 목을 베어 버린 뒤 집으로 돌아갔지요.

수영: 김유신은 기생과 다음 만남을 기대하는 마음이었을 거야.
민재: 김유신은 다시는 기생을 찾지 않겠다는 단호한 마음이었을 거야.
현주: 김유신은 기생을 찾아가지 않겠다고 다짐했던 것을 후회하는 마음이었을 거야.

(　　　　　　)

로빈아! 이제 **구조도의 빈칸**만 채우면
김유신 이야기는 확실히 알고 넘어가는 거야! 할 수 있지?

요약 정리

다음 보기 중 구조도의 빈칸에 들어갈 알맞은 어휘를 고르세요.

보기: 통일 김유신 김춘추

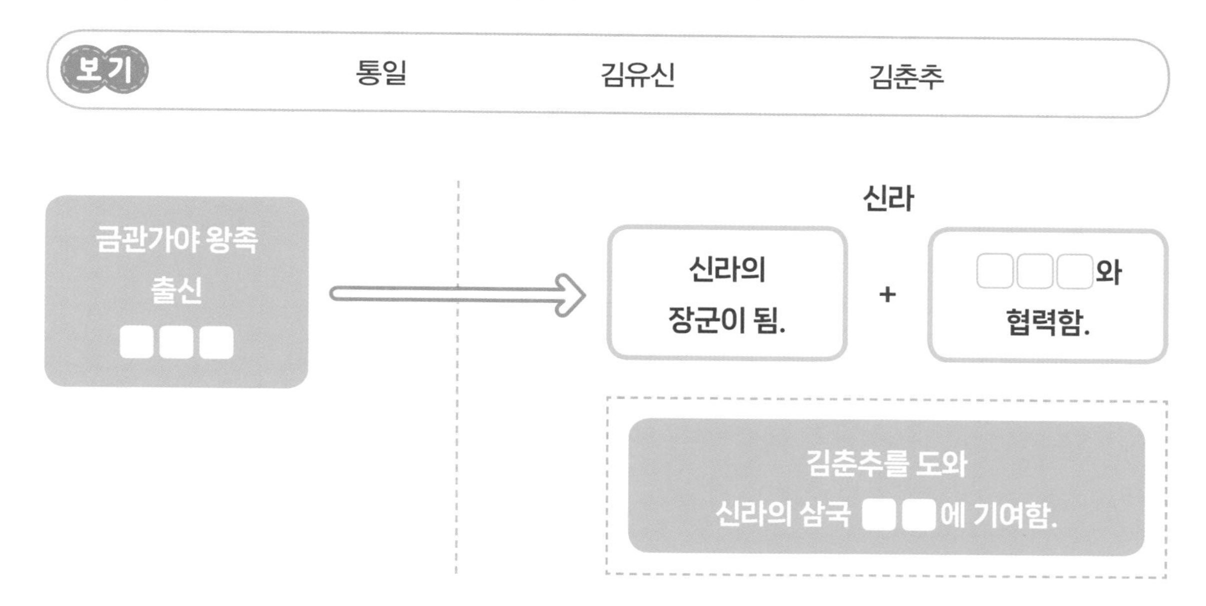

23 고구려의 마지막 자존심 연개소문

설쌤 강의 보기

631년 천리장성 축조 시작 — 642년 연개소문 정변 — 665년 연개소문 사망

어휘 미리보기

대비
앞으로 일어날지도 모르는 어떠한 일에 대응하기 위하여 미리 준비함.

축조
돌이나 흙 등을 쌓아 집이나 건물, 성 등을 만듦.

대립
생각이나 의견, 입장이 서로 반대되거나 맞지 않음.

정변
혁명이나 쿠데타 등의 법에 어긋나는 방법으로 생긴 정치적 변화.

장악
손안에 잡아 쥔다는 뜻으로, 무엇을 마음대로 할 수 있게 됨을 이르는 말.

위상
어떤 사물이 다른 사물과의 관계 속에서 가지는 위치나 상태.

어휘 사용하기

평강아! 연개소문 알아? 연개소문이 성도 **축조**했다던데.

당연히 알지. 고구려의 대단한 장수잖아. 근데 왕이랑 **대립**도 많이 했대.

맞아. 결국 **정변**을 일으켜서 권력을 **장악**했다고 배웠어!

응. 정변에 성공해서 연개소문의 **위상**이 엄청 높아졌지.

연개소문이 죽은 뒤에도 고구려가 계속 강했으면 좋았을 텐데…….

고구려의 막강한 권력자였던 연개소문이 죽자,
고구려는 얼마 되지 않아 멸망했다고 해. 그 이유를 같이 알아보자!

연개소문의 정변 수나라가 멸망하고 당나라가 새롭게 등장했어. 당나라의 침입에 대비해야 했던 고구려는 천리장성을 쌓기로 했지. 이 천리장성은 실제로 천 리가 아니라 천 리만큼 길다고 해서 붙여진 이름이야.

천리장성 축조의 감독관은 연개소문이었어. 그런데 연개소문은 왕을 비롯한 귀족들과 의견 대립이 있었다고 해. 왕과 귀족들은 당나라와 사이좋게 지내자고 주장했고, 연개소문은 당나라에 맞서 싸우자고 주장했거든. 결국 왕과 귀족들은 연개소문을 죽이려고 했지. 하지만 이를 먼저 눈치챈 연개소문이 정변을 일으켰어. 연개소문은 왕과 귀족들을 죽이고 스스로 고구려의 최고 관직에 오르면서 권력을 장악하게 되었어.

당나라 격퇴 당나라는 하루에도 몇 번씩 고구려 안시성을 공격했어. 하지만 고구려가 강하게 저항하자 그만 포기하고 돌아가게 되었지. 이후에도 고구려는 당나라의 끈질긴 공격을 계속해서 물리쳤어. 고구려의 연이은 승리로 연개소문의 위상은 더욱더 높아졌지. 연개소문이 있는 한 당나라는 고구려에 아무리 쳐들어가도 절대 이길 수 없을 것 같았어.

고구려 멸망 그러나 연개소문이 죽자, 고구려는 몹시 혼란스러워졌어. 연개소문의 아들들인 연남생과 연남건 등이 서로 권력을 차지하게 위해 다투었거든. 고구려는 하나가 되어 똘똘 뭉치지 못하고 권력 다툼으로 분열되었어. 자기들끼리 다투다가 고구려를 배신하기도 했지. 연개소문의 동생은 신라에 항복하고 연개소문의 맏아들은 당나라에 항복했어. 고구려의 혼란스러운 상황을 기회로 생각한 신라와 당나라는 고구려를 열심히 공격했지. 결국 그토록 강했던 고구려는 지배자들의 배신과 분열 속에서 허무하게 멸망하고 말았어.

로빈아! 설쌤과 함께 읽어 본 연개소문 이야기 재밌었지?
제대로 읽고 이해했는지 **문제**를 통해 같이 **확인**해 보자!

1 어휘력

다음 뜻풀이에 알맞은 낱말을 에서 골라 쓰세요.

보기	대비	장악	위상

(1) 손안에 잡아 쥔다는 뜻으로, 무엇을 마음대로 할 수 있게 됨을 이르는 말. (　　　　)

(2) 앞으로 일어날지도 모르는 어떠한 일에 대응하기 위하여 미리 준비함. (　　　　)

(3) 어떤 사물이 다른 사물과의 관계 속에서 가지는 위치나 상태. (　　　　)

2 내용 이해

연개소문에 대한 설명으로 알맞지 않은 것은 무엇인가요? (　　　　)

① 연개소문은 당나라군을 물리쳤습니다.
② 연개소문은 왕, 귀족들과 대립했습니다.
③ 연개소문은 천리장성 축조의 감독관이었습니다.
④ 연개소문은 당나라와 사이좋게 지내자고 주장했습니다.
⑤ 연개소문은 왕과 귀족들을 죽이고 최고의 관직에 올랐습니다.

3 사고력

다음 글을 읽고, 연개소문에 대한 자신의 의견과 그 이유를 알맞게 말한 친구의 이름을 쓰세요.

연개소문은 뛰어난 실력으로 당나라군을 물리친 나라의 영웅이었지요. 하지만 왕과 귀족들을 잔인하게 죽이고 마음대로 나라를 다스려 독재자라고 하는 의견도 있답니다.

세진: 연개소문은 영웅이라고 생각해. 끝까지 당과 싸워서 고구려를 지켜 냈잖아.
민아: 연개소문은 독재자라고 생각해. 자기 마음대로 천리장성을 세웠기 때문이야.

(　　　　)

로빈아! 이제 **구조도의 빈칸**만 채우면
연개소문 이야기는 확실히 알고 넘어가는 거야! 할 수 있지?

4 요약 정리

다음 보기 중 구조도의 빈칸에 들어갈 알맞은 어휘를 고르세요.

보기 정변 연개소문 천리장성

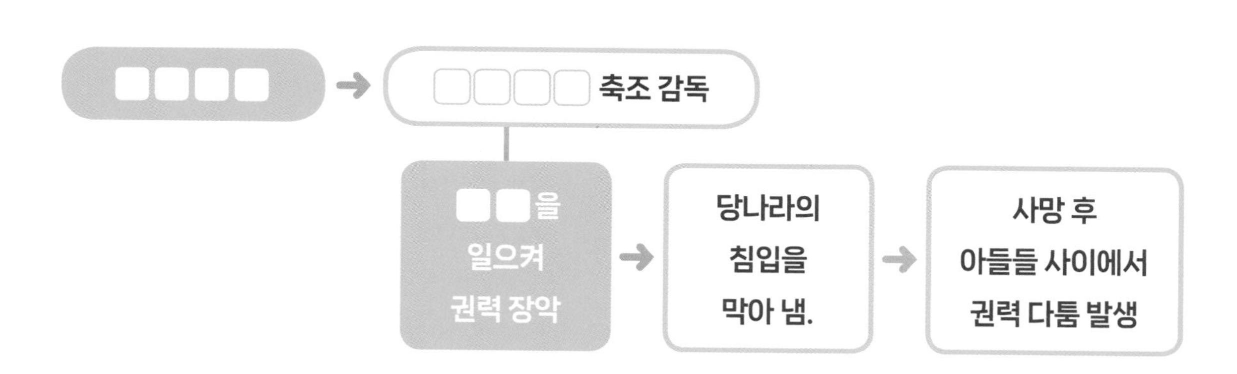

24 5천 결사대로 5만 대군에 맞서다
계백

648년 나당 동맹 결성 / 660년 황산벌 전투 / 668년 고구려 멸망

어휘 미리보기

결사대
어떤 일을 위하여 목숨을 걸고 싸울 각오를 한 사람들로 조직된 무리.

각오
앞으로 해야 할 일이나 겪을 일에 대한 마음의 준비.

병력
군인의 수. 또는 그로부터 나오는 군대의 힘.

포로
사로잡은 적.

구차
말이나 행동이 떳떳하거나 버젓하지 못함.

사기
의욕이나 자신감 따위로 충만하여 굽힐 줄 모르는 기세.

백제를 지키기 위해 목숨을 바친 계백 장군은 자신의 손으로 가족들을 모두 죽였다고 해. 도대체 무슨 사연이 있었던 걸까?

5천 결사대 신라와 당나라 연합 군대가 백제에 쳐들어오고 있었어. 신라군은 5만 명, 당나라군은 무려 13만 명으로 어마어마한 숫자였지. 그에 비하면 백제군은 고작 5천 명 뿐이었어. 5천 명의 결사대를 이끌게 된 계백 장군은 이 전쟁에서 이길 수 없다는 사실을 이미 알고 있었어. 아무리 죽음을 각오하고 싸우더라도 엄청난 차이의 병력을 물리치는 건 사실상 불가능했거든.

계백의 결정 계백은 자신이 결국 전쟁터에서 죽게 될 것도 알았어. 자신의 가족들 역시 포로로 끌려가서 노비가 되거나 비참하게 죽임을 당할 수 있다고 생각했지. 적들이 백제의 백성들, 특히 자신의 가족들을 가만히 둘 리 없으니까 말이야. 전쟁터에 나가기 전 계백은 가족들을 불러 모았어.

"구차하게 살거나 적의 손에 죽느니, 차라리 내 손에 죽는 게 나을 것이다."

계백은 자신의 손으로 가족들을 죽이고 곧바로 전쟁이 펼쳐질 황산벌로 떠났어.

황산벌 전투 황산벌에 백제의 5천 결사대와 신라의 5만 군대가 모였어. 백제군은 10배나 많은 신라군에 맞서 싸워야 했지. 계백은 겁먹은 군사들의 사기를 북돋우기 위해 큰 소리로 외쳤어.

"중국에서는 5천 명의 군사로 70만 군대를 물리친 적도 있다! 우리도 이길 수 있을 것이다!"

그렇게 백제군이 죽기를 각오하고 필사적으로 싸운 덕분일까? 백제군은 김유신이 이끄는 신라군을 상대로 네 차례나 승리했어. 하지만 신라군이 총공격을 퍼붓자 끝까지 버티던 백제군은 결국 무너지고 말았지. 치열했던 황산벌 전투에서 계백은 목숨을 잃었고, 곧이어 백제는 멸망했어.

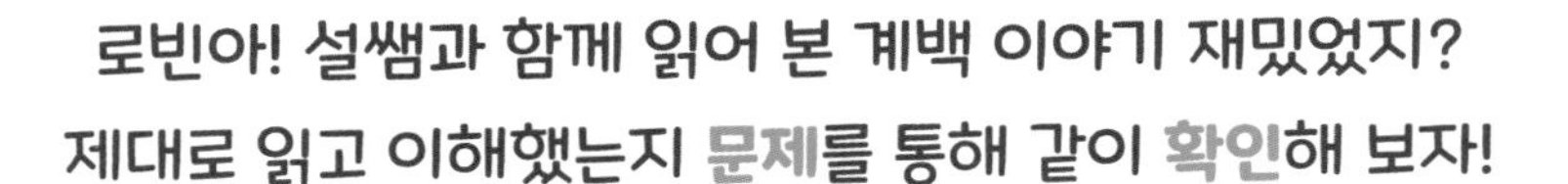

어휘력

다음 낱말과 뜻풀이를 알맞게 선으로 이으세요.

(1) 각오 •   • ㉠ 사로잡은 적.
(2) 사기 •   • ㉡ 의욕이나 자신감 따위로 충만하여 굽힐 줄 모르는 기세.
(3) 포로 •   • ㉢ 앞으로 해야 할 일이나 겪을 일에 대한 마음의 준비.

내용 이해

이야기의 내용을 알맞게 말하지 못한 친구의 이름을 쓰세요.

현서: 신라와 당나라 연합군은 숫자가 어마어마했지만 백제군은 5천 명뿐이었어.
은지: 계백은 황산벌 전투를 앞두고 가족들을 자신의 손으로 죽였어.
수민: 백제군은 황산벌 전투에서 한 번의 승리도 거두지 못했어.

(   )

3
사고력

다음 글을 읽고 빈칸에 들어갈 알맞은 인물의 이름을 쓰세요.

신라와 당나라의 연합군이 쳐들어오자 백제 의자왕은 계백에게 5천 명의 결사대를 꾸려 이를 막으라고 했어요. 계백은 자신의 손으로 가족들을 죽인 뒤, 군대를 이끌고 황산벌로 향했지요. 죽음을 각오한 백제군은 수는 적었지만 신라군을 상대로 네 번이나 승리했어요.

계속된 패배로 신라군은 사기가 무척이나 떨어졌지요. 이때 신라의 어린 군사인 관창이 적진으로 뛰어들었어요. 열심히 맞서 싸운 관창은 죽고 말았지만, 관창의 희생을 본 신라군의 사기는 높아졌어요. 이후 신라는 백제를 총공격했고 결국 백제는 멸망하고 말았지요.

→ ☐☐은/는 5천 명의 결사대를 이끌고 신라를 공격하였고, ☐☐은/는 이에 맞서 싸워 신라군의 사기를 높였습니다.

로빈아! 이제 구조도의 빈칸만 채우면
계백 이야기는 확실히 알고 넘어가는 거야! 할 수 있지?

4 다음 보기 중 구조도의 빈칸에 들어갈 알맞은 어휘를 고르세요.

요약 정리

보기	계백	전사	황산벌

□□□ 전투

백제의 □□ vs 신라의 김유신

5천 결사대 / 5만 대군

⇩

백제 패배, 계백 □□

⇩

백제 멸망

계백

김유신

25 백제의 마지막 왕 의자왕

설쌤 강의 보기

어휘 미리보기

우애
형제 또는 친구 사이의 정과 사랑.

성품
사람의 성질이나 됨됨이.

부흥
기세가 약해졌던 것이 다시 활발하게 일어남. 또는 그렇게 되게 함.

향락
쾌락을 누림.

아부
다른 사람의 마음에 들기 위하여 비위를 맞추며 말하거나 행동함.

간사하다
나쁜 꾀가 있어 거짓으로 남의 비위를 맞추는 태도가 있다.

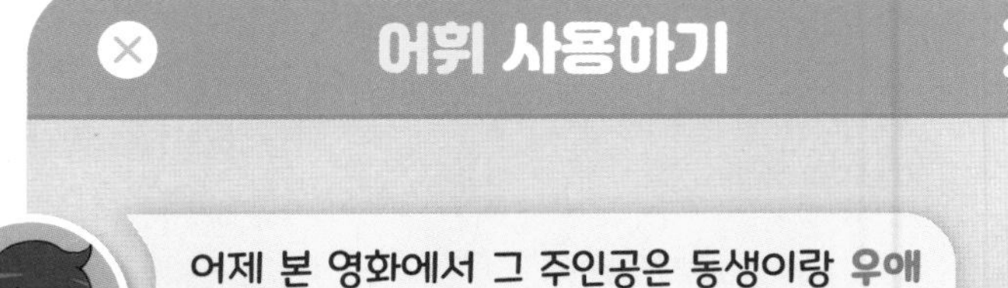

어휘 사용하기

어제 본 영화에서 그 주인공은 동생이랑 **우애**도 정말 좋더라.

맞아.
성품이 좋은 것도 느껴졌어.

그에 비해 악당들은 너무 못되지 않았어?
정말 **간사하다고** 생각했어.

힘 센 사람들에게는 **아부**하고,
약한 사람들은 못살게 굴다니.
정말 최악이야.

내 말이 그 말이야!

백제가 멸망하면서 의자왕은 백제의 마지막 왕으로 남게 돼.
의자왕의 처음과 마지막 모습이 어땠을지 같이 살펴보자!

의자왕의 노력 백제의 마지막 왕, 의자왕은 어릴 때부터 '해동증자'라 불렸어. 해동증자는 '효심과 우애가 깊은 백제 사람'이라는 뜻이야. 그만큼 의자왕은 현명하고 바른 성품을 가졌다고 알려졌어.

시간이 흘러 왕위에 오른 의자왕은 백제의 부흥을 위해 노력했어. 백제의 영토를 넓히기 위해 신라를 공격해 40여 개의 성을 빼앗기도 했지. 의자왕은 왕권을 강화하는 한편 백성들의 삶도 두루두루 살피면서 나라를 잘 다스려 나갔어.

의자왕의 변화 하지만 왕으로서의 역할을 잘 해내 가던 의자왕은 점점 변하기 시작했어. 잔치를 자주 열어 술을 마시고 즐기면서 향락에 빠졌지. 그리고 진심으로 바른 소리를 하는 신하들은 감옥에 가둬 버리고 온갖 달콤한 말로 아부하는 신하들은 가까이했어. 그러자 의자왕의 주변에는 간사한 신하들만 남게 되었어. 백제는 혼란스러워졌지.

백제의 멸망 하필 이때, 신라와 당나라 연합군이 백제로 쳐들어온다는 소식이 들렸어. 의자왕은 계백 장군을 보내 신라군을 막도록 했지만 결국 계백 장군은 죽고 백제군은 무너졌지. 결국 신라군이 수도인 사비성으로 쳐들어오자 의자왕은 사비성을 떠나 웅진성으로 도망쳤어.

"웅진성 안에 백제의 왕이 있다! 공격하라!"

하지만 뒤쫓아 온 신라와 당나라 연합군이 웅진성을 에워싸고 공격을 퍼붓자 의자왕은 더 이상 버틸 수 없었어. 결국 의자왕이 성에서 나와 항복하면서 백제는 멸망했지. 이후 의자왕은 당나라로 끌려갔고, 낯선 땅에 도착한 의자왕은 얼마 되지 않아 병으로 죽고 말았어.

로빈아! 설쌤과 함께 읽어 본 의자왕 이야기 재밌었지?
제대로 읽고 이해했는지 문제를 통해 같이 확인해 보자!

어휘력

다음 문장에 알맞은 낱말을 골라 ○표 하세요.

(1) 의자왕은 어릴 때 현명하고 바른 (성품 / 향락)을 지녔습니다.

(2) 왕이 된 의자왕은 백제의 (부흥 / 우애)을/를 위해 많은 노력을 했습니다.

(3) 점점 의자왕의 주변에는 (아부하는 / 부흥하는) 신하들만 남았습니다.

내용 이해

다음은 온달이가 의자왕에 대해 정리한 내용입니다. 알맞게 정리하지 못한 것은 무엇인가요? (　　　)

㉠ 바른 성품을 가졌던 의자왕은 왕위에 올라 왕권 강화와 영토 확장을 위해 노력했다. ㉡ 하지만 점점 향락에 빠져 아부하는 신하들만 가까이 하면서 백제는 혼란에 빠졌다. ㉢ 이때 신라와 당나라 연합군이 백제의 수도인 사비성까지 쳐들어왔다. ㉣ 의자왕은 수도인 사비성을 끝까지 지키다가 죽고 말았다.

사고력

다음 글에 나타난 백제 의자왕이 한 일로 알맞지 않은 것은 무엇인가요? (　　　)

의자왕은 백제의 부흥을 위해 노력했어요. 귀족들을 견제하며 왕권을 강화했고 신라를 공격해서 영토를 넓혔지요. 신라의 대야성을 무너뜨리고 고구려와 연합하여 신라의 당항성도 공격했어요. 또한 신라 서쪽과 한강 유역의 성들도 되찾았지요. 그러나 이후 사치와 향락에 빠져 백제를 혼란에 빠뜨렸고, 결국 백제는 멸망했어요.

① 귀족들을 견제하였습니다.
② 신라의 대야성을 무너뜨렸습니다.
③ 왕권을 강화하기 위해 노력하였습니다.
④ 당나라와 연합하여 신라를 공격했습니다.
⑤ 신라 서쪽과 한강 유역의 성을 되찾았습니다.

로빈아! 이제 **구조도의 빈칸**만 채우면
의자왕 이야기는 확실히 알고 넘어가는 거야! 할 수 있지?

4 요약 정리

다음 보기 중 구조도의 빈칸에 들어갈 알맞은 어휘를 고르세요.

보기	향락	의자왕	해동증자

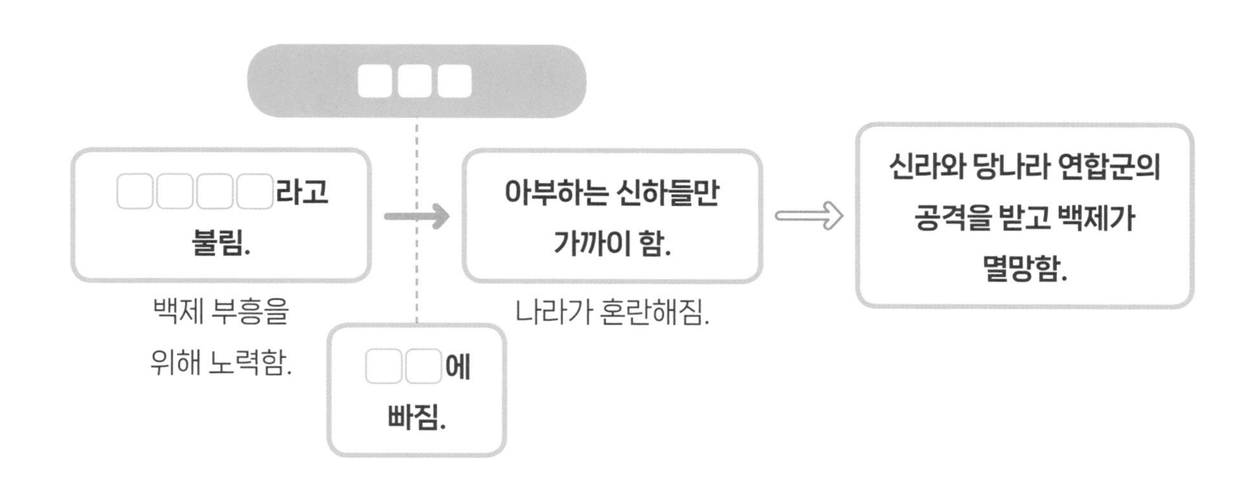

생각 키우기 인물 PLUS

"역사의 소용돌이 속에서 다른 길을 갔던 두 인물"

김유신은 무열왕과 문무왕을 모시고 신라의 삼국 통일에 크게 기여한 사람이야. 그는 젊은 시절부터 고구려·백제와의 전쟁에서 수많은 승리를 거두었지. 이후 백제를 정벌하는 과정에서 계백이 이끄는 백제 5천 결사대에 가로막혀 고생을 하기는 했지만, 결국 이를 물리치고 백제를 멸망시켰어.

경주 김유신묘

김유신

출생	595년
사망	673년
한 줄 요약	삼국 통일을 이룬 장군
연관 키워드	화랑 출신 무열왕의 사돈 금관가야의 왕족 출신 흥무대왕

김유신 VS 계백

충청남도 논산에 있는 계백 장군이
묻혔다고 추정되는 무덤이야. 당과 신라의
연합군이 백제를 멸망시키기 위해
쳐들어오자, 백제 의자왕은 계백에게
신라 김유신의 군대를 막으라고 명령했대.
그래서 계백은 나라가 망하면 고생할
가족들을 직접 베고, 전쟁터로 나아갔다고 해.
계백은 황산벌에서 열심히 신라군을
막았으나, 끝내 전사하고 말았어.

계백 장군 유적 전승지

계백

출생	미상
사망	660년
한 줄 요약	백제와 운명을 함께한 장군
연관 키워드	백제의 충신 의자왕 황산벌 전투 5천 결사대

사진 출처 |

1권

26쪽, 30쪽	김해 수로왕릉_국가유산포털
31쪽	경주 탈해왕릉_국가유산포털
47쪽	무령왕릉_국가유산포털
59쪽	광개토 대왕릉비_국립중앙박물관
67쪽	서울 북한산 진흥왕 순수비_국가유산포털
91쪽	부석사 무량수전_국가유산포털
95쪽	첨성대_국가유산포털
111쪽, 126쪽	경주 김유신묘_한국민족문화대백과사전
127쪽	계백 장군 유적 전승지_한국민족문화대백과사전

2권

30쪽	논산 전 견훤 묘_한국민족문화대백과사전
31쪽	경기 개성 고려 태조 현릉_국립중앙박물관
54쪽	서희 흉상_전쟁기념관
55쪽	강감찬 흉상_전쟁기념관
71쪽	삼국사기_한국민족문화대백과사전
75쪽	삼국유사_국가유산포털
78쪽	삼국사기_한국민족문화대백과사전
79쪽	군위 인각사지 경내_한국민족문화대백과사전
99쪽	안향 초상_국가유산포털
126쪽	공민왕·노국공주 초상 중 공민왕_국립고궁박물관

3권

19쪽	호패_한국민족문화대백과사전
23쪽	훈민정음_한국민족문화대백과사전
27쪽	창경궁 자격루_국가유산포털
39쪽	신사임당 초충도_국립중앙박물관
54쪽	신사임당 초충도_국립중앙박물관
55쪽	성학집요_한국민족문화대백과사전
67쪽	동의보감_국가유산포털
91쪽	수원 화성_수원특례시청-수원관광
95쪽	거중기_한국민족문화대백과사전
99쪽	서당, 《단원 풍속도첩》_국립중앙박물관
107쪽	대동여지도_국립중앙박물관
111쪽	척화비_국립중앙박물관
119쪽	당진 솔뫼마을 김대건신부 유적_국가유산포털
126쪽	이하응 초상_국립중앙박물관

4권

63쪽	님의 침묵_한국민족문화대백과사전

✦ 초등학생이 알아야 할 한국사 인물 100명!

정답과 도움말

단꿀e

01 단군왕검 010~013쪽

1 (1) ㉠ (2) ㉢ (3) ㉡

2 (1) X (2) ○ (3) X

도움말

(1) 환웅은 곰과 호랑이에게 100일 동안 햇빛을 보지 않고 동굴에서 마늘과 쑥만 먹으면 사람이 될 수 있다고 말했습니다. 하지만 호랑이는 참지 못하고 뛰쳐나갔습니다.

(3) 환웅은 인간 세계에 관심이 많아 직접 다스리기 위해 인간 세계로 내려왔습니다.

3 홍익인간

환웅과 웅녀의 아들인 단군왕검은 널리 인간을 이롭게 한다는 '홍익인간' 정신으로 고조선을 세웠습니다.

4

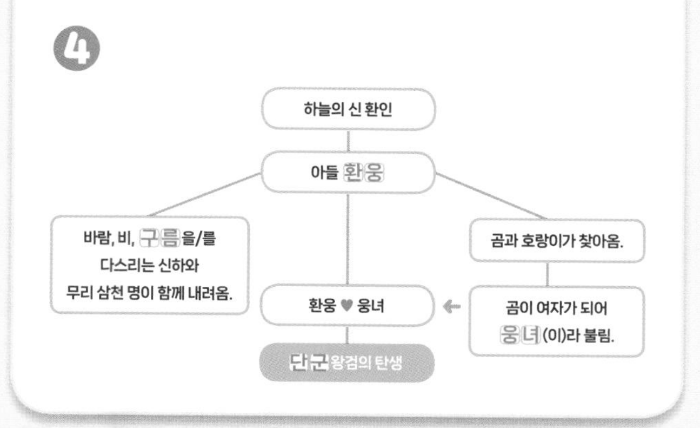

02 동명성왕 014~017쪽

1 재능

'재능'은 '어떤 일을 하는 데 필요한 재주와 능력.'이라는 뜻입니다. 주몽이 어렸을 때부터 활을 잘 쏘는 재주와 능력이 있었다는 내용이므로, 빈칸에 들어갈 알맞은 낱말은 '재능'입니다. '위협'은 '힘으로 상대방을 겁주고 협박함.'이라는 뜻이고, '보호'는 '위험하거나 곤란한 일이 생기지 않도록 잘 보살펴 돌봄.'이라는 뜻입니다.

2 ③

금와왕을 따라 궁궐로 들어온 유화에게 햇빛이 계속 따라다니더니 유화의 배가 불러 왔고, 유화는 알을 낳았습니다. 그 알에서 태어난 아이가 바로 주몽입니다. '주몽'이라는 이름은 '활을 잘 쏘는 사람'이라는 뜻입니다. 부여의 여러 왕자들은 주몽을 질투하여 목숨까지 위협했습니다. 주몽은 부여의 남쪽으로 가서 고구려를 세우고 왕이 되었습니다. 따라서 주몽과 다른 부여 왕자들이 사이좋게 지냈다는 것은 알맞지 않습니다.

3 유리

주몽의 아들 중 '유리'는 고구려의 두 번째 왕이 되었고, '온조'는 남쪽으로 가서 백제를 세워 백제의 왕이 되었습니다.

4

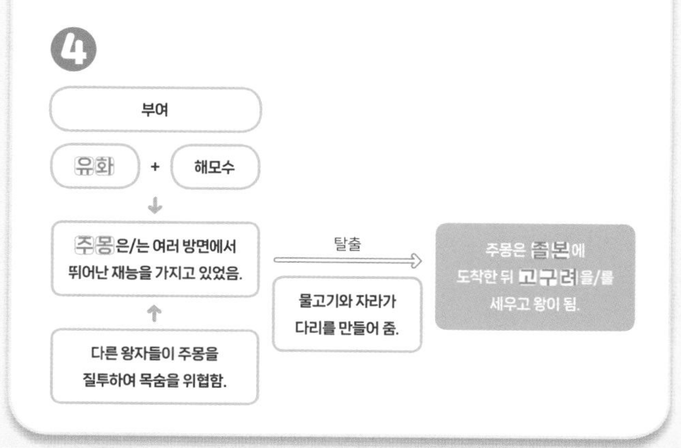

03 온조 018~021쪽

1 (1) 상심 (2) 이동 (3) 위치

2 ㉡

주몽은 비류나 온조가 아닌 유리를 태자로 삼았습니다. 이에 상심한 비류와 온조는 남쪽으로 내려갔습니다. 비류는 오늘날의 인천인 미추홀에 나라를 세우고, 온조는 오늘날의 한강 유역인 위례성에 나라를 세웠습니다. 이후 미추홀의 백성들은 더 살기 좋은 위례성으로 이동하였습니다. 따라서 글의 내용과 일치하는 것은 ㉡입니다.

3 백제

온조는 오늘날의 한강 유역인 위례성에 나라를 세웠습니다. 시간이 흘러 비류가 나라를 세운 미추홀의 신하와 백성들을 받아들이고 나라의 이름을 백제라고 지었습니다.

4

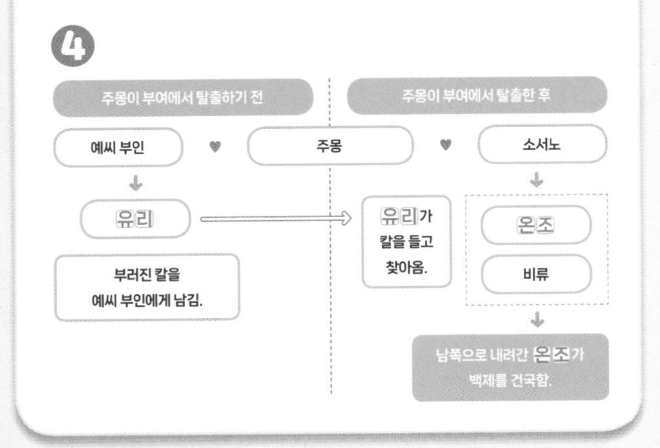

04 박혁거세 022~025쪽

1 (1) ㉡ (2) ㉢ (3) ㉠

2 준서

촌장들이 달려간 곳에는 흰 말이 우물 옆에 앉아 있었습니다. 흰 말은 자주색 알을 남겨 놓고 하늘로 날아갔습니다. 촌장들은 알에서 태어난 아이를 보고 기뻐했습니다. 알에서 태어난 박혁거세는 '서라벌'이라는 나라를 세웠습니다.

3 우물

박혁거세는 흰 말이 우물 옆에 두고 간 자주색 알에서 태어났고, 알영은 알영정이라는 우물가에서 태어났습니다. 따라서 박혁거세와 그의 부인 알영은 모두 우물 근처에서 태어났습니다.

4

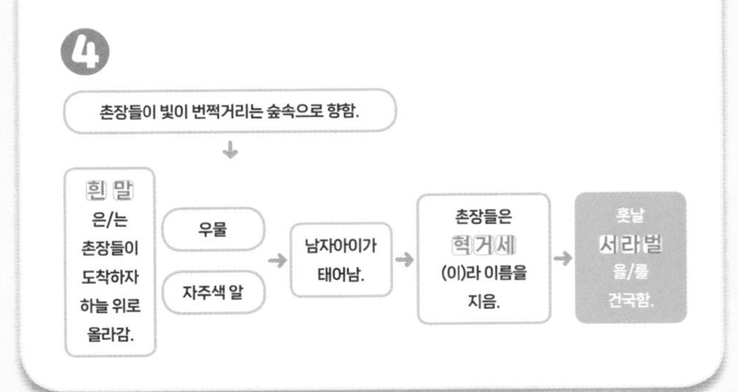

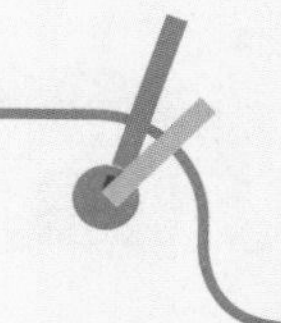

2주

05 김수로 026~029쪽

1 (1) 주변 (2) 생산 (3) 연맹

도움말

(1) '주변'은 '어떤 대상의 둘레.'라는 뜻입니다. 낙동강 주위에 촌장들이 모여 살았다는 내용이므로 빈칸에 들어갈 알맞은 낱말은 '주변'입니다. '생산'은 '인간이 생활하는데 필요한 각종 물건을 만들어 냄.'이라는 뜻입니다.
(2) 금관가야에서 좋은 철이 많이 생산되어 여섯 가야 중 가장 강력했다는 내용이므로 빈칸에 들어갈 알맞은 낱말은 생산입니다. '연맹'은 '같은 목적을 가진 국가나 단체가 서로 도우며 함께할 것을 약속함. 또는 그런 단체.'라는 뜻입니다.
(3) 가야가 합쳐지지 않고 연맹을 이루었다는 내용이므로 빈칸에 알맞은 낱말은 '연맹'입니다.

2 (1) ○ (2) X (3) ○ (4) ○

도움말

(2) 김수로는 여섯 개의 알 중에서 가장 먼저 알을 깨고 나왔습니다.

3 (1) 연맹 (2) 금관가야

가야는 하나의 나라로 합쳐지지 않고, 여섯 개의 가야가 '연맹'을 이루었습니다. 그중 김수로가 세운 '금관가야'는 좋은 철이 많이 생산되어 경제적으로 성장할 수 있었고, 강력한 힘을 가졌습니다.

4

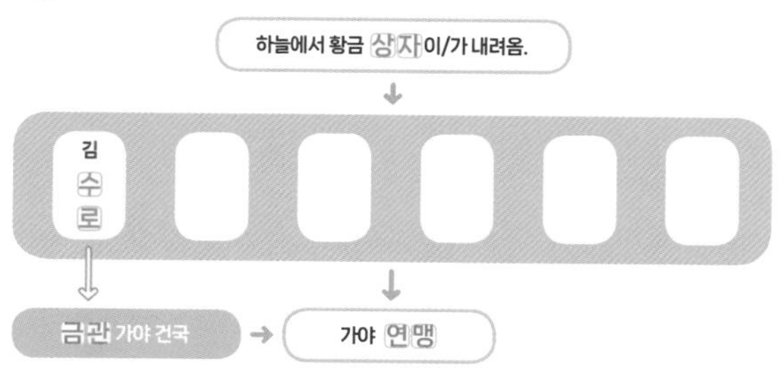

06 석탈해 034~037쪽

1 (1) 징조 (2) 명령 (3) 관직

도움말

(1) 왕은 알을 보고 불길하다고 생각하였다는 내용이므로, '어떤 일이 생길 듯한 눈치나 분위기.'라는 뜻의 '징조'가 들어가는 것이 알맞습니다.
(2) 왕은 알을 버리라고 말했다는 내용이므로, '윗사람이나 상위 조직이 아랫사람이나 하위 조직에 무엇을 하게 함. 또는 그런 내용.'이라는 뜻의 '명령'이 들어가는 것이 알맞습니다.
(3) 석탈해가 나랏일을 맡게 되었다는 내용이므로, '공무원 또는 관리가 국가로부터 위임받은 직무나 직책.'이라는 뜻의 '관직'이 들어가는 것이 알맞습니다.

2 민정

석탈해는 신라의 네 번째 왕이 되었습니다.

3 이사금

지증왕 전까지 신라에서는 왕을 '거서간', '차차웅', '이사금', '마립간'이라고 불렀습니다. 그중 '이사금'은 '이가 많은 사람'이라는 뜻인데, 이가 많은 사람을 나이가 많고 지혜롭다고 생각하여 붙여진 이름입니다.

4

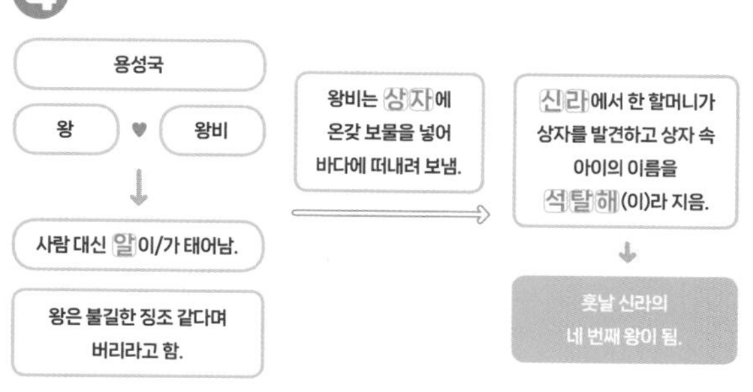

07 김알지 038~041쪽

1 (1) 장면 (2) 결심 (3) 후손

2 ⑤

신라의 왕 석탈해는 김알지에게 왕위를 물려주려고 했지만 김알지는 이를 거절했습니다. 김알지는 왕위에 오르지 않았지만, 훗날 김알지의 많은 후손들이 신라의 왕이 되었습니다.

3 ③

박혁거세와 석탈해는 알에서 태어났지만 김알지는 알에서 태어나지 않았습니다. 김알지는 숲속 큰 나무에 걸려 있던 황금 상자 속에서 발견되었습니다.

4

신하가 닭의 울음소리가 들리는 숲속으로 향함. → 보고 → 석탈해(이)가 숲으로 찾아감.

발견 → 나뭇가지에 걸려 있는 황금 상자

↓ 상자를 열자 남자아이가 나옴.

왕이 김알지(이)라 이름 지어 주고 태자로 삼음.

08 근초고왕 042~045쪽

1 (1) ㉠ (2) ㉢ (3) ㉡

2 (1) ○ (2) X (3) ○

도움말

(2) 근초고왕 때 백제는 다른 나라들과 활발하게 문화와 기술을 교류했습니다. 특히 왜에 백제의 발전된 문화와 기술 등을 전해 주었습니다.

3 칠지도

칠지도는 근초고왕이 왜에 주었다고 전해지는 백제의 칼입니다. 칠지도를 통해 백제와 왜의 관계, 백제의 뛰어난 금속 기술 등을 알 수 있습니다.

4

백제 근초고왕 vs 고구려 고국원왕 → 평양성 전투 → 고국원왕 전사 백제의 승리

백제 근초고왕 ↓ 칠지도 → 왜의 왕에게 하사

09 무령왕

046~049쪽

1 (1) 복수심 (2) 양식 (3) 복구

2 ㉢

무령왕은 백제를 다시 일으키기 위해 여러 가지 노력을 하였습니다. 백성들이 가뭄으로 농사에 실패하지 않도록 저수지를 만들고, 굶주린 백성들에게 음식을 나누어 주었습니다. 그리고 지방의 22곳에 왕족을 보내서 왕족들이 그곳을 직접 다스리게 했습니다.

3 중국, 일본

무령왕릉의 모습을 통해 백제가 중국, 일본과 교류하였다는 사실을 알 수 있습니다. 무령왕릉이 벽돌무덤 양식으로 지어진 것과 무덤 안에서 중국 동전이 발견된 것을 통해 중국과 교류가 많았음을 알 수 있습니다. 그리고 무령왕의 관이 일본 지역에서만 자라는 금송으로 만들어졌다는 것을 통해 일본과 교류가 많았음을 알 수 있습니다.

4

무령왕

교류: 중국 양나라, 일본과 활발한 교류를 함.

체제 정비: 저수지를 만들어 가뭄에 대비함. / 지방의 22곳에 왕족을 파견함.

10 을파소

050~053쪽

1 (1) 건의 (2) 근심 (3) 제도

2 (1) X (2) X (3) ○

도움말

(1) 을파소는 원래 시골에서 조용히 농사를 짓고 있었습니다.

(2) 을파소는 백성들을 위해 진대법 시행을 건의했습니다.

3 ㉡

진대법은 백성들에게 봄에 곡식을 빌려주고 가을에 돌려받는 제도입니다. 진대법을 실시하면 곡식을 나라에서 빌릴 수 있으므로, 백성들이 귀족들에게 진 빚을 갚지 못해 노비가 되는 일이 줄어듭니다. 따라서 귀족들은 진대법 시행에 반대하였습니다.

4

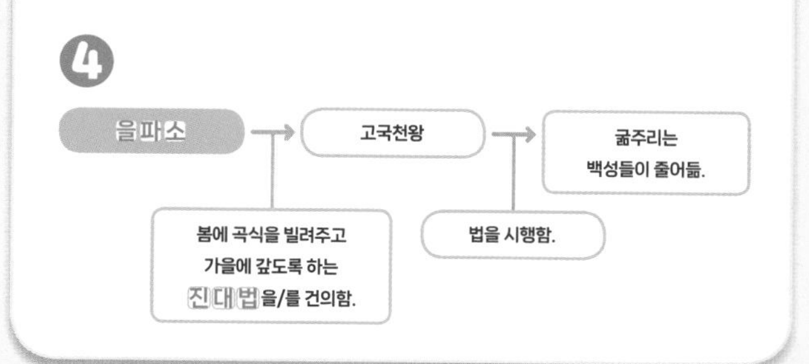

11 광개토 대왕 058~061쪽

1 (1) X (2) X (3) ○

도움말

(1) '반격'은 '상대의 공격을 맞받아 다시 공격함.'이라는 뜻입니다.

(2) '항복'은 '적이나 상대편의 힘에 눌려 자신의 뜻을 굽히고 복종함.'이라는 뜻입니다.

2 ㉢ → ㉡ → ㉣ → ㉠

고구려의 고국원왕은 백제에 의해 목숨을 잃었고(㉢), 고국원왕의 손자인 광개토 대왕은 원수를 갚기 위해 왕위에 오른 지 얼마 되지 않아 백제를 공격했습니다(㉡). 백제는 광개토 대왕의 공격을 열심히 반격했지만 막을 수 없었고(㉣), 결국 백제의 아신왕은 고구려에 항복하고 말았습니다(㉠).

3 진서

광개토 대왕릉비는 그의 아들 장수왕이 아버지의 업적을 널리 알리기 위해 국내성에 세운 비석입니다. 고구려의 수도였던 국내성은 지금은 중국의 땅으로, 당시 고구려의 영토가 얼마나 넓었는지 짐작할 수 있습니다.

4

북쪽: 요동 지역 대부분을 차지함.

↑

광개토 대왕

↓

남쪽: 백제을/를 공격하여 항복을 받아 냄.

12 장수왕 062~065쪽

1 (1) 동맹 (2) 계획 (3) 요청

도움말

(1) 백제와 신라가 고구려를 막기 위해 힘을 합쳤다는 내용이므로, '둘 이상의 개인이나 단체, 나라 등이 이익을 위해서 서로 돕기로 한 약속. 또는 그런 조직.'이라는 뜻의 '동맹'이 들어가는 것이 알맞습니다.

(2) 장수왕이 수도를 옮기려고 한다는 내용이므로, '앞으로 할 일을 미리 헤아려 정함. 또는 그 내용.'이라는 뜻의 '계획'이 들어가는 것이 알맞습니다.

(3) 백제가 중국에 군사를 빌려 달라고 하는 내용이므로, '필요한 어떤 일이나 행동을 해 달라고 부탁함. 또는 그런 부탁.'이라는 뜻의 '요청'이 들어가는 것이 알맞습니다.

2 (1) X (2) ○ (3) ○

도움말

(1) 백제와 동맹을 맺은 것은 신라입니다.

3 ㉢

장수왕은 역사·문화·경제적으로 발전된 평양성으로 수도를 옮겼습니다.

4

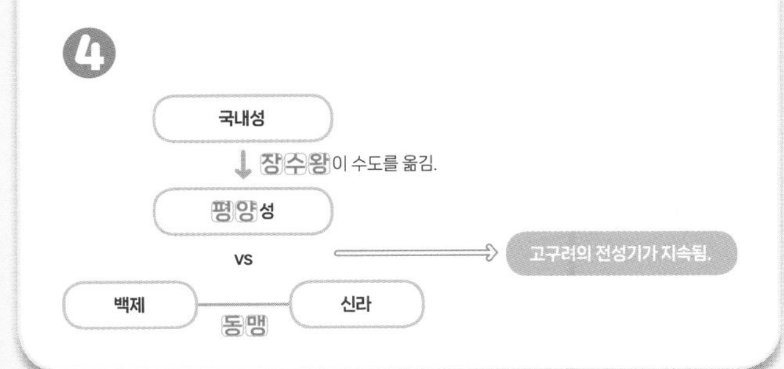

13 진흥왕

066~069쪽

1 (1) ㉡ (2) ㉢ (3) ㉠

2 ③

동맹을 먼저 깨뜨린 것은 신라의 진흥왕입니다.

3 **전성기**

신라는 진흥왕 때 영토를 크게 넓히며 전성기를 맞이하였습니다.

4

백제 성왕 ♥ 신라 진흥왕

고구려가 차지한 한강을 빼앗은 뒤 나누어 가짐.

↓

진흥왕이 성왕을 배신하며 신라가 한강을 모두 차지함. ⇨ 신라가 전성기를 맞음.

14 우륵

070~073쪽

1 (1) ㉡ (2) ㉠ (3) ㉢

2 ㉡

가야금을 만든 사람은 우륵이 아니라 가실왕이며, 우륵은 가야금으로 연주할 수 있는 12개의 음악을 만들었습니다.

3 **가야금, 토기**

대가야는 멸망하면서 신라에 흡수되었습니다. 이 과정에서 가야의 '가야금', '토기' 등이 신라로 전해져 신라의 문화에 영향을 주었습니다.

4

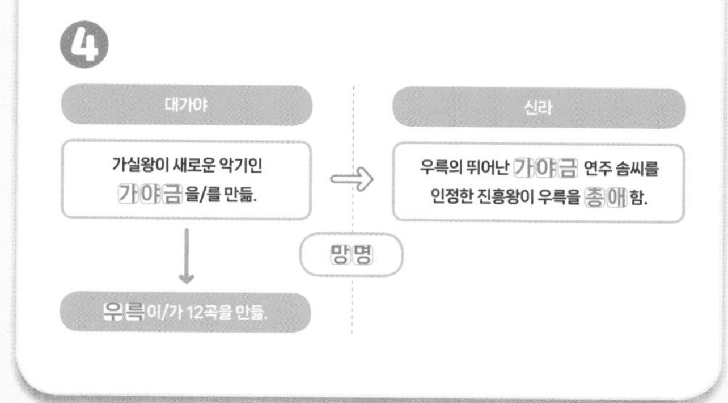

4주

15 온달

074~077쪽

1 (1) 고집 (2) 심성 (3) 구걸

2 (1) ○ (2) ○ (3) X

도움말

(3) 온달 장군은 신라가 빼앗은 한강 유역 땅을 되찾기 위해 노력하였지만, 신라군의 화살에 맞아 죽고 말았습니다.

3 선아

온달 장군이 살던 시대에는 귀족들의 힘이 매우 강했습니다. 따라서 평원왕은 왕권을 강화하고 한 세력이 권력을 장악하는 것을 막기 위해 여러 귀족들에게 권력을 나누어 주고 서로 견제하게 했습니다.

4

평원왕

딸이 울 때마다 겁을 주기 위해 온달에게 시집보낸다고 함.

평강 공주 ♥ 결혼 온달

평강 공주의 노력으로 훌륭한 장군이 됨.

16 을지문덕

082~085쪽

1 (1) ㉢ (2) ㉡ (3) ㉠

2 ④

① 을지문덕은 수나라에 항복하는 척하며 수나라군을 유인하는 전략을 썼습니다.
② 수나라는 중국을 하나로 통일하고 고구려까지 침략하려 했습니다.
③ 살수 대첩 이후 계속된 전쟁과 패배로 힘이 약해진 수나라는 결국 멸망하였습니다.
⑤ 고구려는 도망가는 수나라군을 놓아주지 않고 공격하여 큰 승리를 거두었습니다.

3 성주

을지문덕이 수나라 장군 우중문에게 쓴 편지는 겉으로는 칭찬하는 것처럼 보이지만, 반어적으로 표현된 편지입니다. 수나라군이 고구려에게 속았다는 것을 알려 주며 비웃는 내용이므로 이 편지를 읽은 우중문은 자신이 속았음을 깨달았습니다.

4

수나라		고구려
중국 전체 통일	고구려 침공 ⟹	을지문덕이/가 살수에서 대승을 거둠.

17 원효

086~089쪽

1 (1) 대중화 (2) 충격 (3) 유학

2 (1) ○ (2) X (3) ○

도움말

(2) 원효는 불교 책의 어려운 내용을 설명하는 대신, '나무아미타불'만 외우면 누구나 극락에 갈 수 있다고 하며 불교의 대중화에 앞장섰습니다.

3 ⓒ

원효는 모든 사람은 다 부처가 될 수 있다고 말하며, 불교의 이치를 쉽게 풀어 백성들도 부처님의 가르침을 잘 알 수 있도록 불교의 대중화에 앞장섰습니다.

4

당나라 유학길

동굴

원효 + 의상

해골 바가지 안의 물 → 마시고 깨달음을 얻은 뒤 신라로 돌아옴.

신라

원효

노래를 만들어 불교의 대중화에 힘씀.

18 의상

090~093쪽

1 (1) 창시 (2) 조화 (3) 예상

도움말

(1) 의상이 화엄종을 만들어 내세웠다는 내용이므로, '어떤 사상이나 학설 따위를 처음으로 시작하거나 내세움.'이라는 뜻의 '창시'가 들어가는 것이 알맞습니다.

(2) 화엄 사상은 모든 존재가 서로 어울린다는 내용이므로, '서로 잘 어울림.'이라는 뜻의 '조화'가 들어가는 것이 알맞습니다.

(3) 지엄 스님이 신라에서 귀한 손님이 올 것이라고 미리 생각했다는 내용이므로, '앞으로 있을 일이나 상황을 짐작함.'이라는 뜻의 '예상'이 들어가는 것이 알맞습니다.

2 ⓒ

화엄 사상은 모든 존재가 서로 조화를 이룬다는 내용입니다.

3 ①

의상은 모든 존재는 조화롭다는 화엄 사상을 전파하였습니다.

4

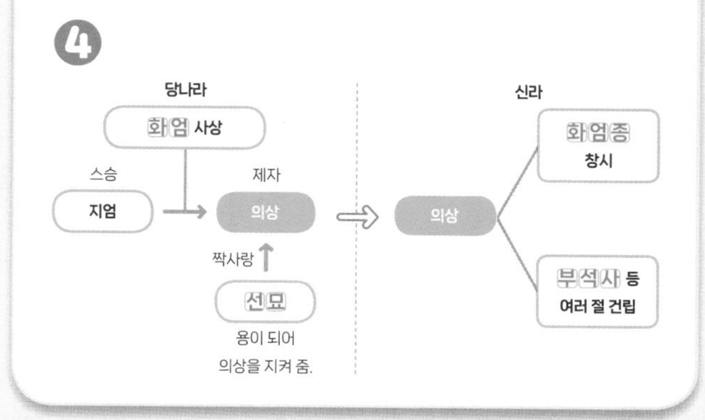

19 선덕 여왕 094~097쪽

1 (1) ㉡ (2) ㉠ (3) ㉢

2 (1) ○ (2) X (3) ○

도움말

(2) 당나라 황제가 보낸 모란꽃 그림과 씨앗을 본 선덕 여왕은 자신을 무시하려는 의도임을 파악하였습니다.

3 ④

자장은 꿈속의 노인이 9층 탑을 세우면 다른 나라의 침입을 막을 수 있다고 말한 것을 선덕 여왕에게 전했고, 그 말을 들은 선덕 여왕은 황룡사 9층 목탑을 지을 것을 명령했습니다.

4

우리나라 최초의 여왕

선덕 여왕

지혜

당나라 황제가 보낸 모란꽃 그림과 씨앗을 보고 숨은 의도를 알아차림.

문화 발전

- 황룡사 9층 목탑 건립: 고려 시대에 몽골의 침입으로 불탐.
- 첨성대 설치: 하늘의 움직임 관찰 목적

20 무열왕 098~101쪽

1 (1) ㉡ (2) ㉠ (3) ㉢

2 ①, ④

가야의 멸망한 왕족 출신 인물은 김춘추가 아닌 김유신입니다. 김춘추는 당나라와 연합하여 백제를 무너뜨렸습니다.

3 ㉠

김춘추는 진골 출신입니다. 선덕 여왕과 진덕 여왕이 모두 자식 없이 죽자 신라에는 성골이 존재하지 않게 되었습니다. 따라서 김춘추는 최초로 신라의 진골 출신 왕이 되었습니다.

4

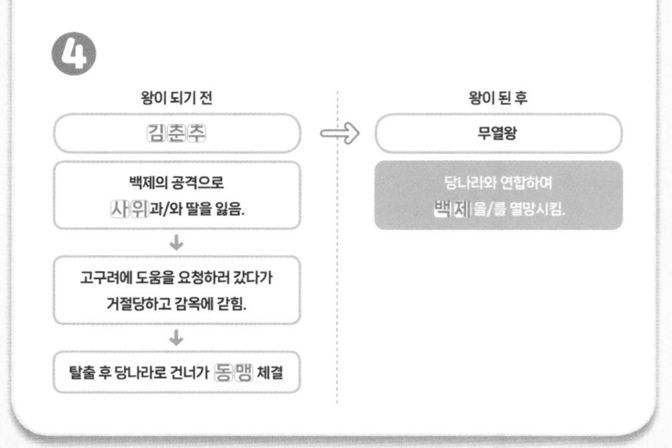

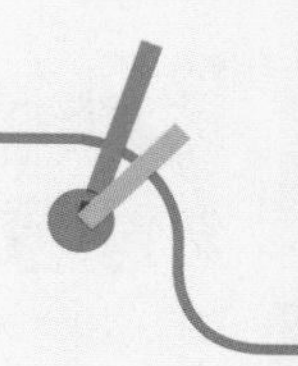

21 문무왕 106~109쪽

1 (1) 즉위 (2) 분열 (3) 유언

도움말

(1) 무열왕이 죽고 문무왕이 왕위에 올랐다는 내용이므로, '임금이 될 사람이 임금의 자리에 오름.'이라는 뜻의 '즉위'가 들어가는 것이 알맞습니다.

(2) 고구려가 권력 다툼으로 인해 내부가 갈라졌다는 내용이므로, '집단이나 단체, 사상 따위가 갈라져 나뉨.'이라는 뜻의 '분열'이 들어가는 것이 알맞습니다.

(3) 문무왕이 죽기 전 신라에 대한 사랑이 담긴 말을 남겼다는 내용이므로, '죽음에 이르러 말을 남김. 또는 그 말.'이라는 뜻의 '유언'이 들어가는 것이 알맞습니다.

2 ㉢ → ㉡ → ㉠ → ㉣

백제가 멸망한 후, 신라 무열왕이 죽고 문무왕이 왕위에 올랐습니다(㉢). 문무왕은 당나라와 연합하여 고구려를 멸망시켰습니다(㉡). 그러나 당나라는 한반도를 차지할 욕심을 가졌고, 나·당 전쟁이 일어났습니다(㉠). 신라는 치열한 전투 끝에 당나라를 물리치고 삼국 통일을 이루어 냈습니다(㉣).

3 (1) 고구려 (2) 신라 (3) 일본

문무왕은 당나라와 연합하여 '고구려'를 무너뜨렸습니다. 하지만 당나라는 한반도를 차지할 욕심으로 '신라'를 공격했습니다. 신라는 당나라를 물리치고 삼국 통일을 이루어 냈습니다. '일본'이 바다로 쳐들어오는 것을 걱정했던 문무왕은 자신을 동해 바다에 묻어 달라는 유언을 남겼습니다.

4

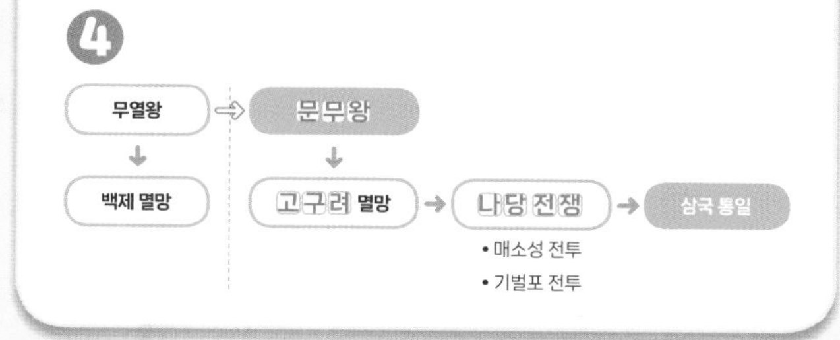

22 김유신 110~113쪽

1 (1) ㉢ (2) ㉠ (3) ㉡

2 (1) X (2) ○ (3) ○

도움말

(1) 김유신은 금관가야 출신이었고, 김춘추는 신라의 왕족이었습니다. 하지만 둘 다 출신상의 한계라는 공통점이 있었기 때문에 서로 가깝게 지냈습니다.

3 민재

김유신은 다시는 기생의 집을 찾지 않겠다는 단호한 결심으로 자신이 타고 온 말의 목을 베었습니다.

4

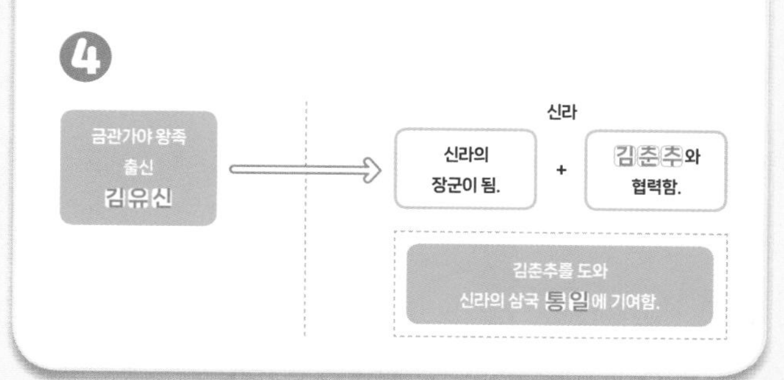

23 연개소문 114~117쪽

1 (1) 장악 (2) 대비 (3) 위상

2 ④

당나라와 사이좋게 지내자고 주장한 것은 왕과 귀족들입니다. 연개소문은 당나라에 맞서 싸우자고 주장했습니다.

3 세진

끝까지 당나라와 싸워 이긴 연개소문을 영웅이라고 볼 수도 있고, 왕과 귀족들을 죽이고 마음대로 나라를 다스린 연개소문을 독재자라고 볼 수도 있습니다. 천리장성을 마음대로 세웠다는 내용은 이야기와 일치하지 않습니다.

4

연개소문 → 천리장성 축조 감독

정변을 일으켜 권력 장악 → 당나라의 침입을 막아 냄. → 사망 후 아들들 사이에서 권력 다툼 발생

24 계백 118~121쪽

1 (1) ㉢ (2) ㉡ (3) ㉠

2 수민

죽기를 각오한 백제군은 신라군을 상대로 네 차례 승리했지만 결국 무너졌습니다.

3 계백, 관창

계백은 5천 명이라는 적은 수의 결사대로 신라를 공격하여 네 차례 승리하였습니다. 이에 신라군의 사기는 무척이나 떨어졌지만, 백제에 열심히 맞서 싸운 관창을 보고 사기를 드높여 결국 백제와의 전투에서 승리하였습니다.

4

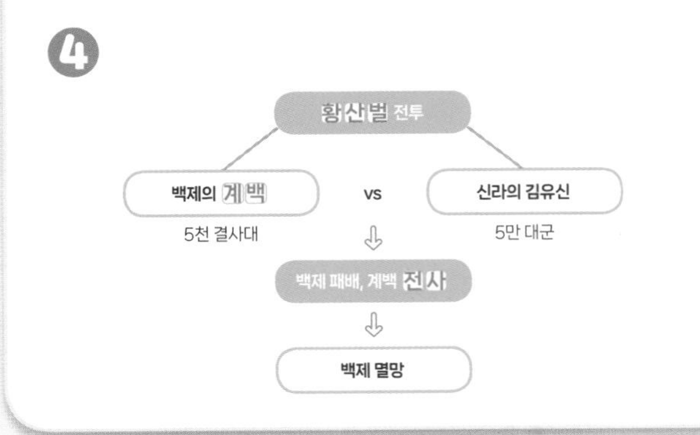